MÉMOIRES

DU

GÉNERAL CLUSERET

I

Le Second Siège

MÉMOIRES

DU

GÉNÉRAL CLUSERET

I

LE SECOND SIÈGE

———

●

PARIS

JULES LÉVY, ÉDITEUR

2, RUE ANTOINE-DUBOIS, 2

—

1887

Tous droits réservés

A la mémoire de mes anciens compagnons d'armes, morts en défendant la cause sacrée des droits primordiaux, imprescriptibles de l'humanité, surtout du droit qu'a tout homme de vivre libre en travaillant.

A leurs veuves,

A leurs orphelins,

Je dédie ces pages de mes souvenirs, extraites de mes mémoires.

Puissent les survivants les méditer et en profiter !

Ce qui suit a été écrit en 1871-72, à Genève, alors que mes souvenirs étaient vivaces. — Je n'y veux rien changer.

Là où un éclaircissement m'a paru nécessaire j'ai ajouté une Note.

INTRODUCTION

J'extrais ces pages de mes mémoires, pour le peuple ; et, par le peuple, j'entends tous ceux qui vivent de leur travail, comme par bourgeois, j'entends tous ceux qui vivent du travail des autres.

Ce n'est pas l'histoire de ces temps si tourmentés. Elle ne se peut écrire encore. Peut-être l'écrirai-je un jour. En attendant j'apporte ma pierre à l'édifice commun en traitant uniquement de ce que j'ai vu, entendu et fait.

J'ai un autre but, but, plus élevé, selon moi. Je veux faire voir au peuple par où il a péché, je veux lui faire toucher du doigt les causes de sa défaite, qui est bien sienne et non celle de tel ou tel, afin que, mieux inspiré, et, par l'expérience, plus instruit, il se corrige de ses défauts, devienne plus sobre, plus pratique, plus modeste, moins enthousiaste, plus réfléchi et moins soupçonneux; afin qu'il cesse de préférer la faconde oratoire et la vigueur des poumons aux dévouements éprouvés, à la saine raison, à la science, et je veux essayer d'empêcher qu'après s'être laissé endormir par la musique d'un Jules Favre ou d'un Gambetta, il ne se réveille, garrotté, muselé avec ses amis véritables traqués, pourchassés, calomniés, et mis hors d'état de le défendre efficacement.

C'est ce qui est arrivé.

Décimé par ces hommes, dont il avait fait des idoles, le

peuple s'est trouvé, au moment de la lutte, absolument désorganisé. Aussi a-t-il succombé ayant en main plus de ressources qu'il n'en fallait pour vaincre. Trompé par les déclamations d'ignorants et de malveillants, il a pris à tâche, comme je le démontrerai, de gaspiller hommes et choses, mettant à désorganiser plus d'acharnement que je n'en mettais à organiser et réussissant mieux, il me faut bien l'avouer.

Conséquence fatale de la fameuse théorie de Proudhon sur l'anarchie, meilleur des Gouvernements, appliquée sans discernement pendant l'action, au lieu d'en réserver l'application pour l'organisation après le succès. Nous l'avons vu à l'œuvre cette théorie mal comprise et son application nous coûte la défaite du prolétariat. Tandis que les Jacobins disciplinés concentraient leurs efforts, non pour la défense de Paris, mais pour donner l'assaut au pouvoir et s'en emparer, les travailleurs, unis par les principes, mais désunis dans l'action, se laissaient escamoter la révolution qu'ils avaient faite pour eux, non pour d'autres.

Dégoûtés alors d'une direction qui n'était plus celle de leurs intérêts propres, mécontents d'eux-mêmes et des autres, se soupçonnant entre eux et s'enivrant pour se consoler, ils jetèrent le manche après la cognée. Les rangs de la garde nationale s'éclaircirent, le caprice de quelques jeunes gens à la remorque d'un vieillard devint la loi suprême et l'anarchie fut la réalité du jour.

De ces fautes, nous portons en commun la peine, et la solidarité du malheur remplace l'égoïsme individuel qui a changé le triomphe en défaite.

Pendant ce temps, la bourgeoisie victorieuse, contre toute attente, use et abuse de sa victoire avec une férocité qui, du cœur, fait monter aux lèvres de tout homme de bien le plus profond dégoût.

Où s'arrêtera ce système de représailles sans fin, ce steeple-chase à la barbarie, où la palme sanglante appartient au plus féroce ? L'ivresse du sang, comme les fumées du vin, ne se dissipe pas en vingt-quatre heures.

De même que j'ai déploré, comme inutile, l'exécution des soixante-cinq ôtages mis à mort à l'instigation de M. Thiers de même j'exècre l'assassinat de ces milliers d'innocentes victimes lâchement égorgées par des coupe-jarrets, fuyards éperdus devant les Prussiens armés, et féroces assassins de vieillards, de femmes et d'enfants, leurs compatriotes, mais sans défense.

Dans l'armée française, ces réminiscences barbares des grottes du Dahra, s'appellent « énergie militaire. »

Et qu'on ne crie pas à l'exagération ! Autrefois, on citait, comme une horreur sans analogue, le Martin Bidauré de l'Empire fusillé deux fois. On ne compte plus aujourd'hui les bi-fusillés de Versailles, pas plus qu'on ne compte les centaines de malheureux enterrés vifs dans les squares et les cimetières de Paris.

Les cris des blessés mal enterrés dans le square Saint-Jacques et la vue de leurs bras crispés cherchant, dans une dernière convulsion, à se débarrasser de leur linceul de terre, troublent encore le repos des bourgeois du quartier. Le peuple, les dents serrées, parle du fusillé à la chaise, fusillé, enterré vif, puis déterré pour être refusillé en présence de sa vieille mère, de sa femme et de ses enfants, forcés d'assister à l'exécution. Comme il ne pouvait se tenir debout on le fit asseoir devant sa porte sur une chaise qu'on força sa vieille mère à aller chercher. Peut-être avait-elle servi à bercer celui qui allait mourir coupable d'avoir préféré la liberté à la vie.

La vieille mère est morte sur le coup ; la femme est folle ; quant aux enfants... ? S'il y a des filles, la bourgeoisie en fera probablement l'amusement des assassins de leur père.

J'ai entendu un gendarme savoyard, retour de Sedan, se vanter d'avoir tiré les femmes *au têton* (sic). Il appelait cela son « but en blanc ».

Et cette grande dame de Versailles, mettant, avec une joie féroce le bout de son ombrelle dans la poitrine trouée d'un fédéré ! Celui-ci mourut, mais, dans une dernière crispation, lui cracha son véritable nom à la face : Infâme !

Or, ce nom, désormais gravé en lettres de sang dans le cœur de la femme du peuple, reste acquis à toutes ces grandes prostituées de la bourgeoisie, dignes femelles des Gallifet, des Wolf, des Vinoy, des Ladmirault, des Mac-Mahon et de cette pléïade de monstres à visages humains qui commence à siéger aux conseils de guerre et finit à la commission des grâces.

Chaque quartier, chaque rue, chaque maison a conservé sa légende sinistre, et l'humanité outragée élève en vain la voix pour demander compte des féroces quiproquos qui ont envoyé dans l'autre monde tant de Ferrés, d'Eudes, de Billorays, de Vallès, de Malons et de Cluserets apocriphes.

Comme disait Courrier : « L'erreur est reconnue, mais les têtes sont à bas et monseigneur est duc. »... Non, il est président de la République !

Nous avons vu cette chose honteuse entre toutes, la population à la merci de sergents avinés. Ce n'est point fiction, mais chose vraie. Dans un des grands établissements de Paris, dont mon hôte était l'aumônier, se trouvait un poste commandé par un sergent. L'abbé leur distribuait du tabac. Une après-dîner, le meurtre chômant, notre sergent offrit, en ces termes, ses services à mon hôte : « M. l'Abbé,
« nous ne savons comment vous témoigner notre recon-
« naissance ; mes hommes et moi n'avons rien à faire
« cette après-dîner ; si quelqu'un vous gêne, vous n'avez
« qu'un mot à dire, nous sommes à vos ordres. »

Je vois encore l'abbé rentrant, pâle et défait : « Oh !
« c'est affreux, ce que je viens d'entendre. » Et il se laissa tomber sur une chaise. Je le priai de me dire ce qui l'avait si fortement ému. C'est alors qu'il me raconta ce que je viens de rapporter.

Ab uno, disce omnes.

Dira-t-on que cette férocité, se révélant uniforme sur une

masse de plus de cent mille hommes, est l'effet irrésistible de l'indignation causée par le massacre des otages?

Sans parler de cette théorie étrange qui conclut à absoudre le crime en le multipliant par cent ou par mille, je dirai que ceux qui ont massacré les ôtages tenaient exactement le même langage.

Exaspérés par l'assassinat de Duval et de ses compagnons, à Châtillon, par celui de Flourens, à Chatou, par celui d'une ambulancière et par le mépris des usages les plus élémentaires de la guerre, tels que le respect des parlementaires, etc. etc., ces hommes faibles de tête, affolés par la colère, altérés de vengeance, peu instruits et, surtout, entraînés par des agents de Versailles, comme M. de Montant, ont tué ou laissé tuer soixante-cinq hommes. Ils imitaient, en cela, leurs ennemis qui, plus instruits et se prétendant supérieurs, auraient dû prouver leur supériorité par celle de leur civilisation.

Eh bien, après?

Est-ce une raison pour continuer indéfiniment? S'ensuit-il qu'on doive, chaque jour, attiser la haine par la calomnie élevée à la hauteur d'un système et la férocité à celle d'une institution?

Je demande au simple bon sens, au bon sens le plus élémentaire, de répondre à cette question.

Cui prodest? Qui bénéficie de cet abîme insondable creusé par l'Assemblée de Versailles entre le peuple et la bourgeoisie? Qui bénéficie de ce déchirement violent qui divise à jamais la nation française, en deux castes ennemies mortelles l'une de l'autre?

Qui, sinon l'étranger?

La haine de l'Empire a été le plus fort auxiliaire de la Prusse. La haine profonde du peuple pour la bourgeoisie sera, dans l'avenir, la plus sûre garantie contre toute velléité de revanche.

On ne se bat que pour ce que l'on aime et l'on ne défend pas ce que l'on hait.

Ah! gens des classes dites supérieures, vous ne vous doutez guère des trésors de haine que vous avez amassés !

Vous les dédaignez ? Je n'en crois pas un mot. Vous êtes trop féroces pour être courageux et trop intéressés pour ne pas être clairvoyants.

Or, voici les faits dans toute leur éloquence brutale :

L'ouvrier, comme le bœuf surchargé, se couche dans le sillon et refuse le travail. Pas de travail, pas d'exploitation ; pas d'exploitation, pas de bourgeoisie. Vous ne pouvez rien sans le peuple et vous en êtes déjà à vous demander s'il est préférable de recevoir ou de ne pas recevoir de commandes, dans l'impossibilité où vous seriez de les faire exécuter. Combien d'industries, qui faisaient la gloire de Paris et de la France, ont déjà émigré à l'étranger[1].

Ce n'est pas tout ; aux angoisses de l'avenir se mêle le souvenir du passé. Le crépitement de l'incendie vous redit sans cesse : « Ne pousse pas le peuple au désespoir, car le « chassepot n'atteint pas plus le pétrole que vos sentences « n'atteignent la pensée. Et, qu'est le pétrole de 71 en « comparaison de celui de l'avenir ? Un nouveau-né. Quant « au chassepot, aujourd'hui pour vous, demain contre, « vous le savez mieux que personne ; qui le fixera ? »

Vous les avez vus à l'œuvre. Ce n'est plus l'armée de nos pères, soldats du devoir, mourant pour la patrie ou l'abritant sous l'aile de la victoire. Ce sont ces mercenaires que chacun de nous a pu contempler, la rougeur au front, vil troupeau conduit par de plus vils pasteurs, préférant la prison au combat et la fuite à la mort, tant qu'il ne s'est agi que de défendre la Patrie contre l'étranger. Alors, pelotonnés par centaines de mille, leurs armes à leurs pieds, sans pudeur, sans honte, imitant en cela leur chef suprême, ils obéissaient au caporal prussien qui, la schlague

---

[1] Je ne sais si cela est encore vrai, mais en 1872, c'était l'exacte vérité.

à la main, leur commandait : « face à l'Allemagne et marche ! »

Ces drôles n'ont retrouvé un reste d'énergie que quand il s'est agi de défendre leur solde menacée par le socialisme. Ils ont, alors, ramassé leurs armes et s'en sont servis, non pour combattre, mais pour assassiner leurs compatriotes : Bourgeois-militaires, plus intéressés que dévoués, gens d'affaires avant tout, et pour lesquels la prudence fut toujours la meilleure partie de la bravoure, ils ont pourtant écrit sur leurs drapeaux, comme sur la croix, qu'ils aiment parce qu'elle rapporte 250 francs par an : « Honneur et Patrie. [1] » !

A ces négociants en meurtre il faut, avant tout, de l'argent. Leur drapeau, c'est la feuille d'émargement. Qui paie leur oisiveté, sinon le travail ? Qui paiera, si le travailleur ou manque ou refuse de travailler !

On ne relève pas un pays dans de semblables conditions. La France ne peut se relever que par l'union. Pour être unis, il faut être équitables. L'êtes-vous ?

Où est votre justice ? Oserez-vous prostituer ce nom aux burlesques et sanglantes parodies jouées par les conseils de guerre ? Appellerez-vous ainsi les sentences ridicules qui, pour le même fait, prononcent la peine de mort, les travaux forcés à perpétuité, la déportation avec ou sans enceinte, six mois de prison et 25 francs d'amende ?

Et ces hommes qui, après boire, tout en digérant, le cure-dents aux lèvres, prononcent, sans connaissance de cause, sur la vie et la liberté de leurs adversaires, juges et parties dans leur propre cause, — comment les appellerez-vous, ces sinistres baladins ?

Des juges !

Ah ! l'ombre de Delesvaux en frémirait de honte ; Jeffriès et Fouquier-Tainville se croiraient insultés !

---

[1] Ces lignes écrites en 1871 étaient l'expression exacte de ma pensée sur l'armée d'alors, celle de l'empire. Espérons que la nouvelle organisation donnera de meilleurs résultats, mais les généraux restent les mêmes.

Toute maison divisée périra. Ceci est double parole d'Évangile.

N'oubliez pas, non plus, que l'abîme appelle l'abîme et que, de tous les abîmes, celui creusé par le sang est le seul qui ne se comble jamais. Prenez-garde d'y rouler !

Assez de divisions. Assez de haine comme cela. Est-il donc impossible de trouver un *modus vivendi ?* En attendant que nous ayons réussi à supprimer les classes, les intérêts des deux classes rivales et ennemies sont-ils plus irréconciliables en France qu'en Amérique ou même en Suisse ? L'exploiteur américain ou suisse est-il moins rapace que celui de France ? Loin de là. — D'où vient donc que d'un côté de l'Océan, ils vivent en paix et, de l'autre, ils s'égorgent[1] ? C'est, que, d'un côté, la liberté amortit la haine et de l'autre, l'autorité les excite.

Substituons la liberté à l'autorité, nous vivrons en paix.

Et, par liberté, je n'entends pas ces licences bourgeoises de la presse qui corrompent et divisent le peuple. J'entends la liberté de l'individu et celle du groupe. L'*habeas corpus*, pour le premier, et le droit absolu, illimité, d'association ; pour le second, l'indépendance communale.

Et maintenant à l'œuvre ! C'est à tort qu'on a dit que les vaincus n'avaient pas d'histoire. Sans compter Spartacus, Jean Huss, Munster et tant d'autres qui ont eu la leur, et dont la chûte, par parenthèse, entraîna celle des régimes qui les avaient vaincus, l'histoire, aujourd'hui démocratisée par la diffusion de l'instruction et par les découvertes de la science, appartient à tous.

Comme le socialisme chrétien, comme tout enfantement dans la nature, le socialisme actuel vient au monde dans la douleur ; mais, comme son aîné, il ne mettra pas 300 ans avant de rayonner sur le paganisme officiel. De même que l'oiseau de nuit fuit à l'approche des splendeurs fulgurantes de l'aurore, le catholicisme bourgeois peu à peu rentre dans

---

[1] Les mêmes causes ont aujourd'hui produit les mêmes effets des deux côtés de l'Atlantique.

l'ombre devant les clartés resplendissantes de la vérité mises au jour par l'instruction et la liberté.

L'histoire du peuple commence, celle de la bourgeoisie, comme celles de la noblesse et de l'église touche à sa fin.

MÉMOIRES
DU
GÉNÉRAL CLUSERET

PREMIÈRE PARTIE

ORGANISATION

Chapitre I

LE COMITÉ CENTRAL

Mon arrivée à Paris. — Un colonel suspect. — Le nommé Laccord. — Les quatre grandes fautes du Comité. — La vérité sur l'amiral S. — L'archevêque Darboy et le germinysme. — Brunel n'occupe pas la Banque. — Ce qu'était le général Bordone. — L'armée de Paris. — L'arrestation de Chanzy. — Raoul Rigault et l'archevêque. — L'exécution de Clément Thomas et de Lecomte. — Les dossiers de la Préfecture de police.

Quand j'arrivai à Paris, mandé de Saint-Etienne par mon ami Varlin, le Comité Central était installé à l'Hôtel de Ville. Je m'y rendis directement.

Mon étonnement fut grand de n'y reconnaître presque personne. A part Varlin, Beslay et Pindy, de l'Internationale, *je n'y connaissais personne*, je le répète.

Je me trompe, car à peine étais-je dans la salle des séances qu'un certain colonel vint à moi, les mains tendues, criant haut et fort : « Ce cher général, il ne me reconnaît pas. »

— C'est vrai, lui dis-je. Cependant votre figure ne m'est pas inconnue.

— Naples, caro generale.

— Ah ! j'y suis ; palais d'Angri. Du Bisson. Diable ! mais vous n'étiez pas des nôtres, vous serviez le roi de Naples, vous veniez solliciter je ne sais quoi de Garibaldi après la fuite du roi à Gaëte et vous êtes aujourd'hui communier ? Je vous fais mon compliment, vous avez fait du chemin.

— On fait ce qu'on peut, caro generale.

Ce n'était pas le seul intrus, comme on le verra plus loin. Le Comité, averti, n'eut pas besoin d'intervenir ; le comte napolitain disparut.

L'accueil que je reçus fut très cordial, et, sur l'invitation qui m'en fut faite, j'assistai aux séances, *amicus curiæ*.

Mon but était de me renseigner tant sur les hommes que sur les choses, car, de ce qui s'était passé à Paris pendant mon absence, je ne savais pas un mot.

Les membres du Comité Central étaient généralement convenables et sérieux en affaires. A part un certain Ferrat, toujours ivre, interrompant les discussions à tort et à travers et que, vingt fois, ses collègues furent sur le point de mettre à la porte, à part Viard, qui avait la monomanie des motions d'ordre sans aucun motif et Laccord [1], qui déraisonnait bruyamment, tous

[1] Un fait inouï, incroyable, qui m'a été révélé dans l'exil. —

étaient simples, de bonne compagnie dans la véritable acception du mot, c'est-à-dire se respectant les uns les autres, et mus par une pensée unique : le bien du peuple. J'ai entendu, dans le sein du Comité Central, des discussions de l'ordre le plus élevé, traitées au point de vue du bon sens, à la manière anglaise et américaine, sous la forme de simple conversation. Pas de citations à effet, de formes surannées, d'éloquence vide et sonore. Pas de tribune, ni de siège présidentiel. Une grande table ovale, autour de laquelle s'asseyait chaque membre, suivant sa convenance. Le président élu pour la séance *seulement* réglait les tours de parole.

Malheureusement ces hommes, jeunes pour la plupart, ou d'âge ou d'expérience, étaient peu méfiants. C'est ainsi qu'ils commirent quatre fautes énormes. La première, ce fut de laisser évacuer Paris par l'armée et

---

Laccord, le plus bruyant, le plus dissolvant des membres du Comité Central, n'en était pas membre. Il s'était imposé *proprio motu*. Plus tard, je surpris ce même Laccord travaillant avec Blancpignon, agent de police, chez Bilivier, autre agent, à la confection des procès-verbaux des séances du Comité Central qu'il avait sauvés. Pour qui ? Pour la police ? Naturellement. Laccord nia connaître la profession de son collaborateur et celle de son hôte. Mais moi je ne peux oublier son trouble et sa fuite quand il me vit entrer dans le café tenu par Bilivier — que, du reste, je tenais alors pour honnête. A peine lui eu-je demandé : Que faites-vous là, avec toutes ces paperasses ? qu'il me répondit, en balbutiant, et certes ce n'était pas l'aplomb qui lui manquait : « Je dicte à Blancpignon les procès-verbaux du Comité Central ; on nous les a demandés de Paris. » Je n'ajoutai rien, ne suspectant rien. Ce ne fut que quelques jours après que Razoua saisit la correspondance de la Préfecture de Police dans la malle de Blancpignon. Cependant Laccord plia tout doucettement les papiers et sortit sans rien dire, ce qui me parut étrange.

Reliure serrée

les fonctionnaires ; la deuxième, de s'en rapporter à Lullier pour l'occupation du mont Valérien ; la troisième, de n'avoir pas agi sommairement avec les dissidents à l'intérieur, spécialement ceux qui avaient appartenu à l'ancienne police : sergents de ville, gendarmes et mouchards ; la quatrième, la plus lourde de toutes, de ne pas s'être emparés de la Banque de France.

La première faute permit à l'Assemblée de reconstituer une armée ; la dernière de la payer. Il n'est pas un officier qui ne sache qu'une fois ses troupes en contact avec le peuple, elles passent à ce dernier. Toute la tactique insurrectionnelle consiste donc à se mettre en contact avec la troupe et une fois qu'on y est, à ne plus la quitter.

La seconde, presqu'aussi grave, mettait la clef de Paris aux mains de Thiers. L'occupation du mont Valérien équivalait à la première enceinte, dont elle paralysait la défense effective. En outre, elle rendait insensée toute offensive contre Versailles, par la rive gauche.

Lors de mon arrivée, ces deux graves fautes étaient du domaine des faits accomplis. Et pourtant, à ma question : « Qui possède le mont Valérien ? » le Comité répondit sans hésitation : « Nous. »

Il fondait également d'assez sérieuses espérances sur les débris de régiments restés à Paris, ne s'apercevant pas que, généralement, l'indiscipline est un pauvre auxiliaire et que les hommes débandés ne sont plus bons qu'à être renvoyés. Plus vite on s'en débarrasse et mieux cela vaut. Je ne parle pas évidemment des hommes de tête et de cœur obéissant à une conviction et refusant, par devoir, de commettre ce crime des crimes : assassiner, par obéissance, ses propres concitoyens. Ceux-là sont malheureusement en minorité et n'ont pas besoin d'être réglementés ; ils se font d'eux-mêmes leur place ; mais la masse agit par peur et met sur le compte d'un sentiment honnête, ce qui n'est au fond, que couardise. Le mieux, je le répète, est de se défaire de ces gens-là le plus tôt possible. J'aurais voulu, quand je pris le pouvoir, en débarrasser Paris. La Commune s'y opposa par raison d'humanité, mais je ne les employai jamais au combat.

Bref, obligé d'accepter les faits accomplis, j'engageai fortement le Comité Central à en finir avec la résistance grotesque de quelques factieux commandés par l'amiral S. dont, par parenthèse, j'ai retrouvé le dossier à la Préfecture de Police, dans le carton rouge, côte à côte avec celui de Monsieur le Duc de M... et pour le même motif [1]. Au dossier du Duc était ajoutée, fixée par une épingle, une lettre de l'archevêque Darboy, se terminant ainsi : « Je sais que les personnes atteintes de ce vice ne s'en corrigent pas, mais pour l'amour de Dieu, que « Madame la Duchesse s'en aperçoive le moins possible. » (textuel).

Ce n'est pas la peine de tant parler de moralité et de famille quand on a son dossier au carton rouge.

Ce n'est, du reste, pas le seul dossier curieux qu'on ait trouvé aux archives de la Police. La plupart des personnages de l'Empire avaient le leur *et tous ne sont*

---

[1] M. l'amiral S. étant capitaine de frégate, fut mis en non-activité pour avoir germinysé un mousse. Le dossier contenait, en outre, la série des observations continuées depuis par la police.

pas brûlés[1]. S'ils l'avaient été, ce ne seraient pas les criminels vulgaires qui auraient le plus à se réjouir de l'incendie de la Préfecture de Police. En fouillant ces archives du crime, on est frappé de stupeur en voyant par quelles mains la France a, pendant vingt ans, été gouvernée ; mais on s'explique parfaitement, et le mépris que l'empereur professait pour l'humanité et l'autorité dont il jouissait. Il pouvait, à son gré, faire passer des plus hautes positions au bagne quiconque lui eût fait de l'opposition, spécialement Jules Favre, le chef de l'opposition, vingt et une fois faussaire. Avec de semblables pièces, M. Pietri était inamovible et maître de chacun [2].

Le colonel Brunel, un des généraux improvisés par les événements, reçut l'ordre de partir de l'Hôtel de Ville avec une forte colonne d'infanterie et quelques mitrailleuses, pour balayer le 2ᵐᵉ arrondissement, les boulevards, *et occuper la Banque*. Il ne balaya rien, se laissa entourer, fraternisa aux cris de « Vive la Commune ! » et, après s'être promené sur les boulevards, revint Jean comme devant. Il crut avoir accompli une grande œuvre et fut dupe d'une manœuvre réactionnaire.

C'était principalement dans le but d'occuper la Banque que j'avais réclamé du Comité ce mouvement, à l'organisation duquel j'avais assisté en personne. Ce qui, par parenthèse, parut mécontenter Brunel. Ancien

---

[1] Je pense que L..., qui était chef de la 1ʳᵉ division, a dû en sauver plusieurs. En tout cas, c'est lui qui m'a communiqué ceux dont je parle.

[2] Andrieux se trouve dans le même cas.

sous-lieutenant de spahis, il croyait, comme Bergeret, ancien sergent de zouaves, que « c'était arrivé », qu'il était bien général. Le tort des coups de force est de tourner les têtes faibles.

Pendant ce temps Versailles organisait, le Comité s'endormait et Paris s'énervait. L'action dissolvante des agents versaillais répandus dans les faubourgs commençait à se faire sentir. On s'en apercevait surtout à l'ivrognerie qui prenait les proportions d'une institution. Jamais les marchands de vin ne firent si bonnes affaires. Qui payait? Ce n'était pas, à coup sûr, le garde national qui n'avait que ses trente sous pour lui et sa famille.

Dès le jour de mon arrivée, Varlin et Beslay m'offrirent le ministère de la guerre et le commandement de la garde nationale, en attendant l'arrivée de Garibaldi, qui ne devait jamais venir. Je connaissais trop mon ancien général pour avoir le moindre doute à cet égard.

Garibaldi a, pour chef d'état-major, Bordone, condamné en 18.. (juillet) à trois mois de prison pour escroquerie, par le tribunal de la Seine; six semaines après, à trois ans de la même peine, pour le même délit, par le tribunal de Cherbourg. Il y a une troisième condamnation, encourue à Chartres, mais seulement mentionnée au dossier judiciaire.

Quand Bordone partit pour l'Italie, soi disant pour aller combattre en faveur de l'indépendance italienne, il fuyait, en réalité, la justice française.

Bordone se rendit vite indispensable à Garibaldi. Il était lieutenant-colonel du génie quand je le rencontrai à Naples. Les Français, que ses allures suspectes avaient intrigués, me chargèrent de faire prendre des informations à Paris. De son côté, Victor-Emmanuel en faisait prendre par son ambassadeur Nigra et se faisait envoyer un double du dossier complet. Je pris moi-même copie de ces pièces à la Préfecture de Police, ainsi que de la correspondance diplomatique et j'ai transmis un sommaire des pièces, avec les numéros d'ordre, à M. Meurice, directeur du *Rappel*, alors que j'étais prisonnier à l'Hôtel de Ville. Je ne sais ce que M. Meurice fit de ces pièces, mais il ne les a pas publiées, conformément à mon désir.

Victor-Emmanuel, maître de ce dossier et, par suite, maître de Bordone, le *laissa* auprès de Garibaldi, sur lequel il acquit bientôt une influence que nul autre ne put balancer, car ses fils lui ayant mis le marché à la main : « ou Bordone ou nous ! » Garibaldi répondit : « Bordone ». Je tiens le fait de Pantaleone auquel j'avais envoyé une copie du dossier.

Les poursuites du parquet furent suspendues et M. Bordone, général de Gambetta et de Garibaldi, put commander en France.

On comprend qu'il ne pouvait y avoir place pour moi à l'armée de Garibaldi, pas plus que pour Bordone, là où j'étais.

Bref, aujourd'hui Garibaldi est dans les mains d'un agent de Victor-Emmanuel et du gouvernement français, agent qu'ils peuvent d'un mot envoyer en maison centrale.

Pour les motifs suivants je refusai les offres de Varlin et de Beslay : Je ne voyais pas clair dans la situation. Tout était nouveau pour moi. Je ne savais rien de la garde nationale, ni de ses ressources. Le peu que j'avais vu me donnait beaucoup à réfléchir. De tous les canons rangés devant l'Hôtel de Ville, quatre seulement étaient en état de faire feu, et encore ce qu'il y avait de munitions pour les approvisionner était insuffisant. Les projectiles n'étaient pas de calibre, les culasses manquaient ou ne fonctionnaient pas. Quant aux servants, braves gens s'il en fût, dévoués et bons pointeurs, comme je le reconnus plus tard, ils étaient, avant tout, volontaires et prétendaient régler le service ainsi : Tant aux remparts, tant à la maison. De mobilisation, point.

De plus, cette arme était groupée autour d'un comité spécial composé d'éléments essentiellement révolutionnaires, mais disparates, ignorants comme des carpes, désorganisateurs et pleins de bonne volonté, réussissant à faire le moins de besogne possible. Pour leur faire plaisir je consentis à approuver et transmettre à la Commission exécutive un rapport où leur imagination, substituée à la réalité, racontait des travaux qu'ils croyaient avoir accomplis et qui restaient entièrement à faire.

De la cavalerie, il n'était question, car je ne saurais donner ce nom à des espèces de paillasses à queue rouge servant d'escorte à Bergeret et à Assi.

L'infanterie était plus sérieuse. Les soldats étaient généralement bons ; les officiers variaient du médiocre au déplorable, j'entends au point de vue militaire. Ils avaient été admirablement groupés pour une action politique par le Comité Central, mais il n'y avait rien, absolument rien, en fait d'organisation militaire. Les chefs étaient des chefs politiques, mais complètement nuls au point de vue du métier ; or, l'action politique était finie. L'action militaire allait commencer et c'était de celle-ci seulement que j'avais à m'occuper. Enfin, il y avait des généraux improvisés dont les galons et les étoiles couvraient les képis. Tout cela était fort triste. Et le mieux que je puisse faire est de n'en rien dire.

Autant la révolution avait bien débuté au point de vue politique et humanitaire, autant elle était déjà dévoyée au point de vue militaire quand j'arrivai. Ces hommes qui avaient passé leur vie à crier contre l'armée, avec juste raison, commençaient par en prendre les ridicules et les vices avant de connaître seulement les qualités et les principes indispensables à l'organisation de toute force armée. L'ambition, la vanité, l'amour du clinquant, les rivalités et les jalousies du commandement divisaient les esprits et donnaient le plus pernicieux exemple.

Bergeret se prenait au sérieux, avait un état-major aussi nombreux que celui de l'empereur, portait son écharpe rouge en grand cordon de la Légion d'honneur et tenait table ouverte, place Vendôme.

A mes observations toutes amicales, on répondait : « Le peuple est un grand enfant qui aime le clinquant. » Ce à quoi je répondais à mon tour : « Si le peuple est « un enfant, qu'il reste en tutelle et ne se déclare pas « souverain, et s'il est homme, qu'il le prouve. Quant « à moi, je le crois homme et tiens à ce qu'il manifeste « sa virilité en rappelant à la simplicité républicaine et « au bon exemple, ceux qu'il honore de sa confiance. »

Cette manière de voir m'attira beaucoup d'ennemis parmi les Jacobins. Les ouvriers seuls me donnèrent raison. Le second motif de mon refus fut le manque de gouvernement.

Le Comité Central constituait un fait et non un principe. Fait glorieux, héroïque si l'on veut, mais qui avait besoin de la sanction du suffrage universel.

Je l'attendis.

Pendant ce temps, je conseillai au Comité d'abolir le titre de général en chef en principe et de n'avoir que des délégués au commandement, dont les fonctions cesseraient avec l'action.

Un général en chef victorieux est un danger politique ; incapable, il est un embarras immense. On a beau faire, la position acquise s'impose dans certaines limites. C'est ainsi qu'Eudes fut un de mes grands embarras dans la suite. Il était doué de certaines qualités et j'étais attiré vers lui comme homme ; il était suffisamment brave ; je n'avais d'autre reproche à lui faire que de ne pas savoir le premier mot de son métier. Et pourtant j'étais obligé de le subir comme général car le sentiment populaire eût été froissé de sa destitution. Je l'employai comme je pus et, quand je le remplaçai au commandement du centre, ce fut un grief de plus contre moi.

Ici se place un épisode, dont je fus témoin dans l'ombre. Chanzy avait été arrêté, comme chacun sait, au moment où il quittait Paris pour se rendre à Versailles et gardé comme otage pendant quelques jours. Il fut décidé qu'il serait mis en liberté. L'idée d'ôtage admise, à coup sûr, les seuls ôtages de quelque valeur étaient les généraux de l'armée qui allait combattre la Commune. On préféra prendre des prêtres et quelques gendarmes sans aucune espèce de valeur. Outre le manque de logique dans le choix du gage, on portait atteinte au principe inviolable de la liberté de conscience. Cette remarque suffit pour faire peser sur qui de droit la responsabilité de cette farce ridicule terminée par une sottise et connue sous le nom de massacre des *otages de la Commune.*

Ce fut Rigault, et Rigault seul, qui conçut et exécuta l'idée de faire arrêter les prêtres et fermer les églises. Elève du baron de Ponat en athéisme, il fit immédiatement adopter la mesure par ses camarades qui, à leur tour, aidés des agents versaillais, la mirent à l'ordre du jour des clubs. En cela, collaborateurs inconscients de Thiers, trop heureux de voir la Commune sortir des voies tracées par la philosophie du XIXe siècle, pour reprendre le chemin de la barbarie du moyen âge.

Je connaissais Rigault de longue date. Je l'avais connu avant 1870 comme adepte du baron de Ponat, un toqué qui me faisait des remontrances quand j'employais dans la conversation cette formule banale : « Ah ! mon Dieu ! »

A la Préfecture de Police, où j'habitai treize jours, par économie, avant de prendre la direction de la défense de Paris, j'eus tout le temps de connaître à fond sa pensée qu'il m'exposa souvent.

Il avait l'intention de supprimer le service religieux partout où s'étendait l'autorité municipale, hôpitaux, écoles et prisons, mais ne croyait pas pouvoir aller au-delà. Je fus donc très surpris de l'arrestation de l'archevêque de **Paris**, de celle des curés et de la fermeture des églises. J'ajoute, sans en tirer aucune conséquence, que ce changement de politique coïncidait avec l'entrée à la Police de certain vicaire d'une des paroisses de Paris.

Je trouvai, par hasard, sa carte sur la cheminée de Rigault.

— Tiens, lui dis-je, vous recevez des prêtres ?

— Oui, et comme agents ; ah ! mon cher, quel triste monde que celui-là ! mais je vous le ferai voir.

Effectivement, un matin, après déjeuner, je trouvai cet ecclésiastique attendant dans sa chambre. C'était un homme jeune encore, maigre et dont le physique répondait à l'emploi ; je compris par sa conversation qu'il remplissait sous l'Empire les mêmes fonctions. Probablement en est-il de même aujourd'hui.

Chardon m'apprit à Genève le véritable motif de l'arrestation de l'archevêque.

Peu de jours après l'assassinat de Duval par Vinoy, Mme Duval s'en fut à Versailles réclamer le corps de son mari. On le lui refusa. Exaspérée elle revint demander vengeance à Rigault.

Je dînais ce soir-là à la Préfecture et me rappelle parfaitement que, sortant de table avec Rigault et Chardon, comme nous traversions le grand salon rouge, nous trouvâmes une dame en grand deuil qui attendait. Elle était de petite taille, c'est tout ce que j'en vis. Par discrétion je me retirai. Chardon resta avec Rigault. Voici ce qu'il me raconta :

— Mme Duval, après avoir, au milieu des sanglots, raconté le refus barbare qu'elle venait d'essuyer, réclama vengeance.

Rigault ne dit que ces seuls mots. « Je m'en charge. » La nuit même l'archevêque était arrêté.

C'est donc Vinoy qui est, après Thiers, le véritable meurtrier de l'archevêque, ce dont personne ne le blâmera dans son parti, trop heureux d'être débarrassé du gallican Darboy.

Je reviens à Chanzy.

Je l'aurais conservé. Il était bel et bien prisonnier de guerre. Le Comité en jugea autrement. Et, chose étrange, les membres peu nombreux qui assistaient à cette séance nocturne furent d'une faiblesse poussée jusqu'à l'affaissement. Il y avait huit membres présents, autant que je peux me le rappeler. C'était à qui se disculperait d'avoir contribué à l'arrestation du général. Ils avaient l'air d'inférieurs en présence de leur supérieur. Jourde seul et Viard rétablirent les situations respectives. Viard surtout, avec sa brusquerie ordinaire, répondit au général, qui parlait de la manière peu polie dont il avait été arrêtée : « Et moi, quand vos mouchards sont venus m'ar-
« racher brutalement, la nuit, des bras de ma femme et
« de ceux de mes enfants, quand la terreur les a rendus
« fous de douleur et qu'à toutes les tortures de la prison,
« j'ai dû ajouter la crainte de perdre ma femme, vous
« êtes-vous apitoyés sur mon sort ? Et combien de nos
« familles dans le même cas ! Mais nous ne sommes pas
« des hommes pour vous, nous ne sommes que des tra-
« vailleurs, c'est-à-dire des machines à faire de l'or.
« Nous ne sentons pas et tout est bon pour nous ! »

Le général se contentait de mordre sa moustache et

ne répondait rien. On lisait sur sa physionomie la crainte que de semblables réminiscences ne fissent revenir sur la décision prise à son égard. Un fait très remarquable et bien digne de rester gravé dans la mémoire des psychologues, c'est la lâcheté de tous ces massacreurs de peuples.

Clément Thomas essaye de parler et ne le peut, faute de sang-froid.

Le général Lecomte ne pouvait se tenir sur ses jambes au moment où il fut fusillé. Il tremblait comme un enfant. Quelle différence avec l'attitude de Duval, de Ferré, de Crémieux, de Serisier et de toute cette pléiade de martyrs héroïques mourant fièrement au cri de : Vive la Commune !

Ne pouvant nier l'uniformité de leur stoïcisme, le gâtisme bourgeois a essayé de le ridiculiser en traitant de fanfarons ces héroïques va-nu-pieds.

Il est bien regrettable pour les généraux français qu'il ne se soit pas trouvé parmi eux quelque fanfaron de cette espèce. De telles fanfaronnades n'appartiennent qu'aux hommes convaincus, et l'avenir appartient aux idées qui les inspirent.

Le sang des martyrs est l'engrais de la vérité.

On a prétendu que l'exécution des généraux Clément Thomas et Lecomte fut, comme celle du général Duval, un acte officiel accompli en vertu d'un ordre régulier. Il n'en est rien. Les hommes qui fusillèrent ces deux officiers, coupables du plus grand des crimes, furent leurs propres soldats. Les gardes nationaux fusillèrent Thomas et un peloton du 88me de ligne, commandé par un sergent, exécuta Lecomte. Exemple mémorable à placer, à côté de Brutus, d'Arcadius et d'autres, dans l'enseignement populaire de l'histoire.

Il faut que chaque enfant du peuple, le jour où il entre au service, se mette bien dans la tête que la discipline et l'obéissance passive s'arrêtent là où commence le civisme. Au-delà de la frontière, obéissance absolue ; en deçà, jusqu'à la politique exclusivément. Aucun officier, quelque rang qu'il occupe, n'a le droit de commander à ses soldats : « feu ! » sur des Français. Et le premier devoir du soldat, en ce cas, est la désobéissance ; le second, faire justice. L'exemple du commandant Labordère, promu sénateur pour avoir refusé d'obéir à un ordre donné de marcher sur des Français, prouve que la bourgeoisie est d'accord avec moi quand il s'agit de ses intérêts. — Au peuple de soigner les siens.

Le Comité Central n'aurait pas donné l'ordre d'exécution ; la proclamation suivante prouve que ses sentiments étaient tout autres. Le voici dans toute sa généreuse inexpérience :

Fédération Républicaine de la Garde Nationale

Hôtel de Ville, 20 mai 1871, 6 h. du soir.

De nombreux repris de justice, rentrés à Paris, ont été envoyés pour commettre quelques attentats à la propriété afin que nos ennemis puissent nous accuser encore.

Nous engageons la Garde Nationale à la plus grande vigilance dans ses patrouilles.

Chaque caporal devra veiller à ce qu'aucun étranger ne se glisse, caché sous l'uniforme, dans les rangs de son escouade.

C'est l'honneur du peuple qui est en jeu, c'est au peuple de le garder.

> Ant. Arnaud ; C. Arnold ; Assi ; Audignoux ; Bouit ; Jules Bergeret ; Babick ; Boursier ; Baron ; Billioray ; Blanchet ; Castioni ; Chouteau ; C. Dupont ; Ferrat ; Henri Fortuné ; Fabre ; Fougeret ; C. Gaudier ; Goubier ; Géresme ; Groslard ; Josselin ; F. Jourde ; Maxime Lisbonne ; Lavalette ; Ch. Lullier ; Maljournal ; Moreau ; Mortier ; Prud'homme ; Rousseau ; Ranvier ; Varlin ; Viard.

Un dernier trait peindra bien le caractère honnête et naïf des hommes qui composaient le Comité Central. Ils étaient tous sans le sou. Si un retour offensif de Versailles les avait forcés à fuir, il n'y en aurait pas eu 10 qui eussent eu les moyens de sortir de Paris. On souleva la question d'allouer 150 francs à chaque membre pour ses besoins personnels. Cette proposition sembla d'abord monstrueuse : 150 francs ! Et nos camarades, n'ont-ils pas les mêmes besoins que nous ? Que penserait le peuple ? La mesure finit par être adoptée et, ce qui prouve la sincérité du désintéressement de ces braves gens, très peu, quatre ou cinq seulement, en réclamèrent le bénéfice.

Malheureusement, ils étaient un peu plus amateurs de hochets que d'argent, et créèrent le triangle attaché à un ruban rouge qui leur servait de marque distinctive pour entrer à l'Hôtel de Ville, mais nullement comme ordre de chevalerie, ainsi que Trochu a voulu le faire entendre.

Pendant les 13 jours qui s'écoulèrent entre mon arrivée à Paris et mon entrée au Ministère de la Guerre, je consacrai tout le temps que me laissaient les séances du

Comité Central, auxquelles j'assistais régulièrement, à compulser les dossiers de la Préfecture de Police. Je voulais me rendre un compte exact : 1° du classement des pièces; 2° de la manière de procéder dans le filage; 3° de la moralité du personnel républicain ; 4° de de celle de nos ennemis. — Le classement est un chef-d'œuvre de simplicité et de clarté. Aucune perte de temps à chercher un dossier, et le nombre en est immense. Le filage est enfantin. J'avais deux agents attachés à ma personne et mon dossier était de tous le plus volumineux ; il avait bien 25 centimètres d'épaisseur. Mais rien, absolument rien, si ce n'est une prétendue conspiration contre la vie de l'empereur que j'appris par là. J'ai calculé, par le nombre des dépêches échangées avec la Légation française à Washington et le Consul général à New-Yorck, ainsi que par les voyages des agents, que ce canard, qui avait rapporté à son inventeur, un habitant de New-Yorck, 350 francs, en avait bien coûté 30.000 à l'Etat. Ainsi se fait la police et voilà où passe une partie de l'argent des contribuables. Pour le reste, invariablement la même chose : sorti à telle heure, suivi tel chemin, entré ici ou là, rentré à telle heure. Bébête !

J'affirme n'avoir trouvé dans tous les dossiers républicains rien de suspect au point de vue de la moralité. Et ce n'était pas faute de chercher, car le doute même était inscrit. Ainsi, au dossier Vermorel, je vis, à propos d'un projet de mariage: « Supposé vouloir spéculer sur la femme ». On avouera que quand ou descend à ces sortes de suppositions, c'est qu'on a rien de sérieux à articuler contre un homme.

Par exemple, je trouvai la confirmation de ce que

j'avais vingt fois dit à Mazzini : « Faites attention à Wolff, il a une mauvaise mine et une détestable réputation ». Mazzini me répondit invariablement : « Wolff travaille de son état — menuisier — et élève sa famille ; on n'est pas mouchard dans ces conditions. »

Je trouvai à la Préfecture toute sa correspondance, ainsi que le tarif de ses services : 350 francs par mois.

Chapitre II

LA COMMUNE

Le défilé de la Garde Nationale place de l'Hôtel de Ville. — Remise des pouvoirs par le Comité Central. — Composition de la Commune. — Les différents groupes. — Les Versaillais prennent l'offensive. — La sortie du 4 avril. — Incapacité militaire. — Les généraux de la Commune et ceux de Versailles. — Le combat de Meudon. — Recensement des forces communalistes. — La poudrière de Béethoven. — Résumé de la situation militaire.

Ce fut le 28 mars que la Commune fut installée à l'Hôtel de Ville. Le vote avait eu lieu le 26, et 230 mille électeurs y avaient pris part.

Cette cérémonie, une des plus imposantes que j'aie vues, ne permettait aucun doute sur la sincérité et l'unanimité des travailleurs à considérer le nouveau gouvernement comme celui de leur choix, le seul qui répondît vraiment à leurs aspirations. La petite bourgeoisie elle-même prit une part sincère à l'enthousiasme général. Et les 60.000 gardes nationaux venus spontanément, car il n'y eut pas de convocation, pour prendre part à la fête comptaient dans leurs rangs, proportionnellement autant de petits boutiquiers et de petits patrons que d'ouvriers proprement dits. Du reste, ces trois classes ayant les mêmes souffrances et les mêmes adversaires se tendent toujours la main quand le moment révolutionnaire est venu.

J'évalue à 60,000 le nombre des gardes nationaux en prenant pour base la capacité de la place de l'Hôtel de Ville et du commencement des grandes artères voisines. Ces différentes surfaces étaient littéralement remplies, sans tenir compte des distances réglementaires de l'ordre, en masse la plus serrée. Les bataillons eux-mêmes n'avaient pas un mètre d'intervalle, les rangs se touchaient comme aussi les serre-file et les pelotons. Dans tout cela un ordre parfait. Je n'ai jamais compris comment cette mer humaine put s'écouler sans accident. Il en fut pourtant ainsi, et tout se passa dans l'ordre le plus parfait.

Il y eut un moment solennel, ce fut celui où le Comité Central remit simplement le pouvoir aux mains de la Commune. Assi venait de faire la lecture des noms des nouveaux élus. Tout à coup un immense cri de: *Vive la République ! Vive la Commune !* sort de toutes les poitrines et se mêle au bruit du canon, des clairons et des tambours ; le soleil se met de la partie et semble, au nom de la nature, fraterniser avec ses enfants ; les toits, les fenêtres, les balcons regorgent de monde, et tout semble prédire au nouveau gouvernement de longs jours de prospérité.

Hélas ! que j'en ai vus de ces pronostics trompeurs vite effacés au souffle empesté de la haine et de l'envie !

Dans la soirée, le Comité Central fit afficher la proclamation suivante :

Fédération Républicaine de la Garde Nationale

COMITÉ CENTRAL

Citoyens,

Aujourd'hui, il nous a été donné d'assister au spectacle populaire le plus grandiose qui ait jamais frappé nos yeux, qui ait jamais ému nos âmes : Paris saluait, acclamait, sa révolution, Paris ouvrait, à une page blanche, le livre de l'histoire et y inscrivait son nom puissant !

Deux cent mille hommes libres sont venus affirmer leur liberté et proclamer, au bruit du canon, l'institution nouvelle. Que les espions de Versailles qui rôdent autour de nos murs aillent dire à leurs maîtres quelles sont les vibrations qui sortent de la poitrine d'une population toute entière, comme elles remplissent la cité et franchissent les murailles ; que ces espions, glissés dans nos rangs, leur rapportent l'image de ce spectacle grandiose d'un peuple reprenant sa souveraineté et, sublime ambitieux, le faisant en criant ces mots :

Mourir pour la Patrie !

Citoyens,

Nous venons de remettre entre vos mains l'œuvre que vous nous avez chargés d'établir et, à ce dernier moment de notre éphémère pouvoir, avant de rentrer définitivement dans les attributions de la Garde Nationale, attributions d'où les événements nous avaient fait sortir, nous voulons vous dire un mot de remerciement.

Aidés, dans notre tâche par votre admirable patriotisme et par votre sagesse, nous avons sans violence, mais sans faiblesse, accompli les clauses de notre mandat. Entravés dans notre marche par la loyauté, qui nous interdisait de faire acte de gouvernement, nous avons, néanmoins pu, en nous appuyant sur vous, préparer, en huit jours, une révolution radicale. Nos actes vous sont connus et c'est avec l'orgueil du devoir accompli que nous nous soumettons à votre jugement. Mais, avant de passer, nous-mêmes, au tribunal de votre opinion, nous voulons dire que rien n'a été fait en bien que par vous ; nous voulons proclamer bien haut, que, maîtres absolus et légitimes, vous avez affirmé votre force, surtout par votre générosité.

La France, coupable de vingt années de faiblesse, a besoin de se régénérer des tyrannies et des mollesses passées par une liberté calme et par un travail assidu. Votre liberté, les élus d'aujourd'hui la garantiront avec énergie, la consacreront à tout jamais : le travail dépend de vous seuls ; les rédemptions sont personnelles. Groupez-vous donc avec confiance autour de votre Commune ; facilitez ses travaux en vous prêtant aux réformes indispensables : frères entre vous, laissez-vous guider par des frères ; marchez dans la voie de l'avenir avec fermeté, avec vaillance ; prêchez d'exemple en prouvant la valeur de la liberté, et vous arriverez sûrement au but prochain :

La République Universelle.

Hôtel de Ville de Paris, 28 mars 1871.

Les Membres du Comité Central.

Cette proclamation fut écrite en ma présence par Moreau, discutée et approuvée séance tenante.

La composition de la Commune n'était pas du tout la même que celle du Comité Central. Les clubs avaient envoyé des discoureurs sans consistance et le journalisme des hommes à formules arrêtées. Le socialisme vrai, qui avait le plus contribué au mouvement du **18 Mars** y était en minorité. Il était représenté par les membres de l'Internationale ; en sorte que l'assemblée se trouvait complétement divisée d'opinion et fractionnée en trois grands courants politiques : l'Internationale comptant parmi ses membres, Varlin, Malon, Frankel et moi ; les jacobins personnifiés en Delescluze, et les Blanquistes ou Hébertistes parmi lesquels se trouvaient Eudes, Tridon, Raoul Rigault, Ferré.

Tridon était indiscutablement le cerveau le mieux organisé ; mais épuisé par la maladie il ne put tenir la place qu'il aurait dû occuper. C'était le seul qui aurait pu remplacer Blanqui absent.

Ferré, qui fut si grand par le cœur, était un jeune homme inexpérimenté et qui avait tout à apprendre, excepté l'héroïsme.

Je l'ai beaucoup connu, et souvent il est venu me consulter alors que j'étais détenu à l'Hôtel de Ville. J'avais contribué à sa nomination à la Préfecture de Police dans les circonstances suivantes :

Billioray, membre du Comité de salut public, était venu me voir au sujet du remplacement de Cournet à la Sûreté générale : « Nous ne savons qui nommer » disait-il.

— Prenez Vermorel ; c'est le seul qui soit à la hauteur de ces fonctions.

— Nous avons peur de Vermorel.

— Alors prenez Ferré, il est inexpérimenté, mais il a des aptitudes.

— Vous avez raison, c'est l'homme.

Je ne sais si Ferré fut instruit de cette conversation, mais de sympathiques, nos rapports devinrent cordiaux et confidentiels. C'était une bien bonne et bien belle nature.

La force respective des partis était à peu près ainsi : 20 membres de l'Internationale, 7 à 8 Blanquistes, 9 membres de la presse, 35 membres des clubs et du Comité Central. C'est dans ces 35 que se recrutaient plus spécialement les Jacobins ; leur chef, Delescluze, sortait de la presse.

Vallès, Vermorel, **Arthur Arnould**, **Tridon**, Ostyn, Verdure et Babyck, votaient généralement avec l'Internationale quoique n'en faisant pas partie. En échange, Dereure et Châlain passèrent à la majorité.

C'est ici le lieu de rectifier une des erreurs contenues dans le livre de Malon, qui me place dans la majorité. Si j'avais appartenu à la majorité, m'aurait-elle envoyé à Mazas ? La vérité est que je n'appartenais à aucun groupe, mes fonctions spéciales prenant tout mon temps et ne me permettant pas d'assister régulièrement aux séances de la Commune.

J'aurais désiré que l'Internationale qui, bien qu'en minorité, était l'âme, le principe du mouvement du 18 Mars, formât un groupe compact et tenace. Malheusement il n'en fut rien.

Les Internationaux se sacrifièrent, me sacrifièrent, sacrifièrent tout.

Pleins de justice et dévoués jusqu'à la mort au peuple dont ils étaient l'essence, braves, sans fanfaronnade, presque tous modestes autant que convaincus, gens de théorie plus que d'action, organisateurs pour la plupart mais sans aucune expérience politique, ils furent une proie facile pour quelques meneurs qui groupèrent tout le reste de l'assemblée en une masse compacte, despote et absurde comme toute majorité. Vermorel était de force à tenir tête aux chefs de ce parti ; il était soutenu par Tridon ; la majorité aurait pu se déplacer, mais ce malheureux Vermorel, victime de sa supériorité, fut jusqu'à la fin un objet de suspicion.

Dans ces réunions d'hommes ayant plus de volonté que de science, la supériorité est le plus grand des crimes. Tridon, lui-même, commençait à devenir suspect. C'est cette majorité qui fit dévier la Révolution du chemin que lui avait tracé le peuple. De communale et rien que communale qu'elle était, elle voulait en faire une revolution non-seulement nationale, mais universelle. A cela, ses membres voyaient deux avantages : enfler la voix, parler au monde et surtout un prétexte pour appliquer l'Évangile suivant saint Robespierre, le seul qu'ils connussent. En fait ces hommes n'eurent pas une idée à eux. Toute leur politique consistait à se demander le matin : aujourd'hui, tel prairial, que faisaient nos pères, il y a 79 ans ? Et la réponse invariable était : « ce qu'ils faisaient, nous le ferons. » C'est ainsi qu'il fallait un Comité de Salut public et un Procureur de la Commune. Il aurait peut-être fallu un massacre des prisons. Mais, comme je m'y attendais, je pris mes précautions ; secondé, en cela, par Cournet qui voulait, comme moi, éviter un crime inutile à la Commune, la garde de Mazas fut confiée à des gardes nationaux, pères de famille et sur la sobriété desquels on pouvait compter. Malheureusement, nous n'avions pas prévu le transfert à la Roquette, ni les atrocités sans précédents historiques des coupe-jarrets de Versailles.

Le Comité Central et l'Internationale se tinrent toujours sur le terrain pratique de la révolution communale. Pour eux, comme pour moi, la Révolution du 18 Mars n'a jamais signifié et ne signifiera jamais que le Conseil municipal investi des pleins pouvoirs de la commune pour gérer tous ses intérêts sans exception et se rattachant au pouvoir central par un simple lien fédératif, comme cela se passe en Amérique. Or, ce qui se passe en Amérique et à quatre-vingts ans d'expérience est pratique, puisque non-seulement cela est, mais a réussi à assurer la liberté et la prospérité d'un grand peuple. Et ce n'est pas ailleurs qu'il faut chercher le secret de sa prospérité, c'est dans la liberté et l'économie fondées et maintenues par l'indépendance des communes. Ce qui est bon en Amérique est bon en France. Ce qui a réussi d'un côté de l'Océan réussira de l'autre. Et, de même qu'on s'est accoutumé au mot République, on s'accoutumera au mot Commune. Car, sans Commune, il est impossible de maintenir ni République ni liberté. J'ai tout sacrifié à l'idée communale ; pour elle et pour elle seule, j'ai fait plier mon caractère et enduré des nullités honteuses, ce que je n'ai enduré de personne. Pour elle encore je suis prêt à tout supporter et à tout sacrifier, car d'elle et d'elle seule dépend la régénération de la France par les travailleurs.

Dès les premiers jours de la Commune, on me reparla de prendre le ministère de la Guerre. La Commission exécutive y avait nommé Eudes et voulait, comme pour les autres Ministères, une double délégation. Vallès surtout insistait pour que je partageasse avec Eudes le Ministère de la Guerre. Cette prétention était tellement absurde, elle dénotait une telle ignorance des nécesssités de la situation que je refusai non-seulement la double délégation, mais qu'*in petto* je formai bien la résolution de ne rien accepter du tout.

Duval m'avait laissé entrevoir le projet conçu par les trois généraux improvisés de faire un coup de tête et de marcher sur Versailles, afin de ne pas manquer au programme des aïeux et de gratifier la Commune d'un 5 et 6 octobre. On était à la fin de mars, il est vrai, mais mieux valait mars que rien du tout. Je représentai au Comité ce qu'un tel projet avait de ridicule en présence des nouvelles nécessités imposées par la science de la guerre, et on me promit d'y renoncer. Hélas! Que ne tint-on parole !

Le 2 avril, sans provocation aucune, les Versaillais attaquèrent les fédérés à la demi-lune de Courbevoie. Je me promenais, en ce moment, aux Champs-Elysées et me dirigeai de ce côté. Ma première surprise fut de voir le mont Valérien, soi-disant à nous, tirer sur nous. Les gardes nationaux surpris, fuyaient en désordre; néanmoins, on fit plusieurs prisonniers, du 74me, si j'ai bonne mémoire. Tous s'accordaient à dire qu'on les avait emmenés en promenade militaire le matin et qu'il n'était nullement question d'un combat. Il est possible qu'on n'ait pas confié aux lignards ce dont il s'agissait, mais il est certain que le mont Valérien était averti et que les gendarmes l'étaient également. Ce ne fut qu'une escarmouche, mais escarmouche malheureuse, qui prouvait deux choses : 1° les intentions de Versailles ; 2° le peu de solidité de la Garde Nationale et, par dessus tout, l'incompétence du commandement.

Effrayé des conséquences possibles d'une semblable situation, je cédai aux nouvelles instances qui me furent faites et, le 2 au soir, j'acceptai le Ministère de la Guerre.

J'arrivai au ministère le 3, à 6 heures du soir, escorté du comte de Beaufort, jeune homme charmant qui s'était offert spontanément pour m'accompagner et que je n'avais jamais vu. Il en était de même d'Eudes, que je voyais pour la première fois. L'impression première fut favorable. Eudes était un tout jeune homme, imberbe, simple de manières, quoiqu'il fût déjà couvert de galons et d'étoiles, et relativement modeste dans ses paroles. Le ministère était envahi par sa smala et offrait plutôt l'aspect d'un caravansérail que d'un Ministère. Je n'insisterai pas sur ce sujet.

Je débutai par la plus forte déconvenue qui pût m'atteindre. Eudes m'apprit qu'en compagnie de ses collègues en généralat, Bergeret et Duval, ils avaient, à l'insu du Comité exécutif, décidé un mouvement général sur Versailles. Je restai anéanti. Tant d'ignorance, d'outrecuidance et de présomption atteignait presque à la hauteur d'un crime. Ces trois généraux, dont un seul avait servi, et comme *sergent*, aux zouaves, jouant le sort du peuple sur la carte de leur ignorance présomptueuse me transportaient d'indignation. Je voulus m'opposer au mouvement ; mais Eudes me représenta que c'était impossible, que les ordres étaient donnés, que les troupes devaient déjà commencer le mouvement. Il pouvait être alors 10 heures du soir. Du reste je ne pouvais envoyer de contr'ordres que par Bergeret, qui était à la place, et Bergeret, véritable instigateur du mouvement, eût fait semblant de ne pas comprendre et n'eût pas obéi, pas plus qu'il n'obéit aux ordres que je lui transmis pour le lendemain.

Convaincu de l'impossibilité de contremander le mouvement, ne pouvant convoquer le Comité exécutif, je tâchai, au moins, d'en atténuer les résultats prévus.

Je défendis formellement à Bergeret de faire le mouvement projeté et lui ordonnai de se contenter de diviser sa colonne en deux. Celle de droite, sous les ordres de Flourens, prendrait par Asnières et se dirigerait sur la demi-lune de Courbevoie où elle opèrerait sa jonction avec celle de Bergeret qui, lui, irait directement par l'avenue de Neuilly.

De cette façon, on ne compromettait rien. On répondait à la démonstration de la veille par une démonstration plus forte, pendant que le reste de la Garde Nationale, sous la conduite de Duval et d'Eudes, tentait l'impossible. On va voir pourquoi.

Je m'informai naturellement des ressources dont disposait le triumvirat militaire de la Commune. Eudes me présenta des chiffres incroyables et qui prouvaient toute sa naïveté. La colonne Bergeret-Flourens devait avoir 80,000 hommes et je ne sais combien de pièces d'artillerie ; une quarantaine. — Duval devait en avoir presqu'autant et Eudes encore plus. A l'entendre, il y avait 200.000 hommes de Garde Nationale en mouvement. Tout en faisant la part de l'exagération, je comptais sur une soixantaine de mille hommes. Il en vint tout au plus la moitié et dans quel état ! L'artillerie d'Eudes se composait de trois pièces dont une attelée de deux chevaux. Comment arriva-t-elle jusqu'au cimetière au-dessus du Bas-Meudon ? Je n'en sais rien. Mais n'anticipons pas.

Après avoir donné à Eudes mes instructions pour Bergeret, je tâchai d'arranger quelque chose d'à peu près possible pour les deux autres. En conséquence, Eudes dut se diriger par Meudon, premier objectif, et Duval par Plessis-Piquet. Jusque-là Eudes m'assurait qu'on ne rencontrerait personne. Le mouvement simultané devait commencer à 6 heures du matin. Nulle reconnaissance préalable n'avait été faite. On ne savait, ni s'il y avait une route praticable, ni quels obstacles on devait rencontrer. Aucune mesure n'avait été prise pour camper en chemin si l'on ne pouvait, d'un bond, atteindre Versailles. Bref, tout était livré au hasard. « Va comme je te pousse ! » était le mot d'ordre. Ces jeunes gens avaient lu les journées des 5 et 6 octobre, et, sans tenir compte des progrès introduits par la science dans les armes à feu, croyaient pouvoir répéter l'histoire.

Je résolus d'assister au mouvement, tant pour me rendre compte, que pour parer, s'il était possible, à un désastre prévu.

Je partis du ministère à 6 heures du matin et rencontrai sur ma route quelques bataillons en marche. Mais, à 9 heures l'action du centre n'était pas encore commencée. A la gauche, Duval était encore plus en retard.

Enfin, le canon du mont Valérien, qui ne cessait de tonner sur Bergeret et Fourens, décida Eudes à commencer sans attendre que les bataillons fussent arrivés et que Duval fût en ligne. Le désordre était à prévoir et inséparable de l'état d'indiscipline inouï qui régnait dans la Garde Nationale.

Le premier élan fut bon et la Garde Nationale arriva à Meudon sans perte appréciable. Le château fut même occupé par Eudes qui se comporta aussi vaillamment qu'inintelligemment. Excellent soldat, mais déplorable officier. Au Bas-Meudon, les hommes sans chefs, massés comme un troupeau de moutons dans l'entonnoir formé par le pont du chemin de fer et les routes qui y convergent, n'avançaient ni ne reculaient. Ils étaient pelotonnés. Une pièce d'artillerie, attelée de deux chevaux et pointée par un jeune marin s'était avancée jusqu'à la hauteur du cimetière et, à 60 mètres, tirait sur une maison sans produire aucun effet. Inutile d'ajouter que chevaux et servants, sauf le marin, furent vite tués.

Ne voulant pas en croire mes yeux, je pointai moi-même sur cette maison fantastique sans plus d'effet.

J'appris par la suite qu'elle avait été blindée par les Prussiens avec des traverses, et était occupée par les gendarmes qui, tirant à 60 mètres, par des meurtrières ménagées dans le blindage, de plus d'un mètre d'épaisseur, nous abattaient comme des alouettes. Les balles cliquetaient comme grêle sur les parties métalliques de la pièce, et je ne sais, en vérité, pourquoi le marin et moi n'eûmes pas le même sort que les chevaux et les autres servants.

Dans le cimetière, Razoua, seul officier que j'aie remarqué à la tête de ses hommes, faisait des efforts pour déboucher dans la campagne et ne pouvait y parvenir. Plus de dix fois, je ramenai les hommes de bonne volonté sur la maison ensorcelée, mais toujours inutilement; arrivés à un certain point, ils lâchaient pied. Du reste, eussent-ils passé que cela n'aurait avancé à rien. Il n'y avait plus ni bataillons, ni compagnies, ni rangs, ni quoi que ce soit. Mais je voulais me rendre compte d'une triste chose : c'est qu'il n'y avait rien de possible avec de semblables troupes, tandis que rien n'était impossible avec de semblables hommes. La première chose à faire était donc : réorganiser.

Les hommes étaient, en général, bons ; il y en avait même d'excellents. Mais les officiers ne faisaient pas leur devoir ou l'ignoraient.

Naturellement Eudes était revenu du château de Meudon plus vite qu'il n'y était allé et demandait des renforts.

A qui ?

Il n'y avait pas même de réserve organisée. — Commandant en chef, il devait le savoir mieux que personne.

La retraite fut une débâcle, comme je n'en vis jamais, si ce n'est à Bull-Run, et le 20 février 1855, en Crimée.

Si les généraux de l'assemblée avaient été de vrais généraux, ils pouvaient faire ce qu'ils voulaient, ce jour-là. Heureusement qu'ils ne valaient pas mieux que ceux de la Commune. Quand je les vis à l'œuvre, je commençai à me tranquilliser.

Duval, abandonné d'une partie de ses hommes, se défendit en héros et mourut en martyr. Sa faute fut celle de tous ses camarades. Ignorant la science militaire, ils la nièrent et crurent pouvoir s'en passer.

Quant à Bergeret, il lança cet excellent Flourens, dont la bravoure ne connaissait pas d'obstacle, dans le traquenard où il laissa la vie avec tant d'autres pauvres diables sacrifiés à l'incapacité de leur chef. Cet homme, qui aurait dû se faire bonne et prompte justice en se faisant sauter la cervelle, s'en revint triomphant à la Commune faire un rapport fantastique dans lequel il vantait l'ordre et la mâle attitude de ses hommes pendant la retraite et parlait de l'effet moral produit sur les troupes de Versailles !

Idiot ! Comme si la mâle attitude de Bergeret vu de dos avait dû fortement impressionner les Versaillais !

Le lendemain parut l'avis suivant :

Aux citoyens Bergeret, Duval et Eudes.

Citoyens,

Nous avons l'honneur de vous prévenir qu'afin de vous laisser toute liberté pour la conduite des opérations militaires qui vous sont confiées, la Commune vient d'attribuer au général Cluseret, la direction de l'administration de la guerre.

L'assemblée estime que, dans les graves circonstances où nous sommes, il importait d'établir l'unité dans les services administratifs de la guerre.

La Commune a jugé également indispensable de vous remplacer à la Commission exécutive, dont votre situation militaire ne vous permet plus de partager les travaux.

Nous n'avons pas besoin d'ajouter qu'en prenant cette double décision, la Commune est aussi éloignée de vous désobliger que d'affaiblir l'intérêt de votre situation comme chefs de corps ; vous n'y verrez que les conséquences des nécessités du moment.

Paris, 3 avril 1871.

Les Membres de la Commission Exécutive.

Ch. Delescluze, Félix Pyat.

Cette note, tissu d'erreurs, est du galimatias double pour moi, et je n'ai jamais cru à son authenticité.

J'affirme que jamais il ne fut question de séparer la direction des opérations de l'administration de la guerre. C'est tellement insensé que pas un de mes ennemis militaires, fût-ce le plus acharné, ne croira un instant que j'aurais consenti à entrer dans une affaire dont tout l'avenir reposait sur un succès militaire, lequel restait confié à trois jeunes gens de 20 ans, dont un seul avait servi — et comme sous-officier.

De la part de la Commission exécutive, ignorant absolument les nécessités du métier, l'erreur était pardonnable, mais de la mienne c'eût été un crime, car je ne pouvais ignorer le résultat certain d'une semblable combinaison : le massacre de milliers de pères de famille et la défaite de la Commune.

Non-seulement je n'eus pas à refuser semblable combinaison, mais elle ne me fut pas proposée. Et ce qui le prouve c'est, d'une part, la communion d'idées entre la Commission exécutive et moi au sujet de l'inopportunité d'un mouvement sur Versailles et, d'autre part, mon étonnement quand, en arrivant, le 3 au soir au ministère, je trouvai le mouvement sur Versailles non-seulement commandé, mais en voie d'exécution.

Pour admettre l'authenticité de cette note, il faudrait supposer la duplicité de la Commission exécutive, ce que je ne puis croire, ayant la plus grande estime pour Pyat et Tridon qui en faisaient partie. Il faudrait supposer qu'une partie de ses membres était d'accord avec les généraux improvisés pour appuyer le mouvement sur Versailles. Plus tard, effrayée de la responsabilité qu'elle encourait devant le peuple, en endossant semblable escapade, la Commission, alors renouvelée, aurait décliné toute participation.

Si la note du 3 avril eût été authentique, on m'eût répondu, lorsque j'accusai Bergeret, devant la Commune : 1° d'avoir, de son autorité privée, conjointement avec ses collègues, pris une initiative qui ne lui appartenait pas ; 2° d'avoir désobéi à mes ordres en dépassant la demi-lune de Courbevoie : « Sur le premier point il était d'accord avec la Commission exécutive et, sur le second, ayant la direction des opérations, conformément à la note du 3 insérée à *l'Officiel*, il n'avait pas d'ordre à recevoir de vous. »

Tout au contraire ; il fut immédiatement mis en arrestation par la Commune et ce, principalement pour avoir désobéi aux ordres de son supérieur, le ministre de la guerre.

Explique donc qui pourra l'insertion de cette note à *l'Officiel*.

La fin manque complètement de dignité.

Est-ce que la Commission exécutive personnifiant la Commune avait à s'occuper de savoir si elle obligeait ou désobligeait quelqu'un ? Elle n'avait à s'occuper que du bien public et nullement des individus. C'est avec ce système de considérations mesquines que le commandement disparaissait sous le commérage et que la discipline était remplacée par le bon ou le mauvais vouloir de contractants égaux. Toutes choses excellentes en temps de paix, mais déplorables quand on échange des coups de canon.

Je m'étonne que Delescluze qui, chaque jour, lisait

son breviaire de 93, ne se soit pas aperçu que la Convention ne s'était jamais préoccupée de savoir si elle obligeait ou désobligeait l'individu en le remplaçant dans sa fonction.

Le 4 au soir, il n'y avait plus de Garde-Nationale dans Paris. Il y avait des gardes nationaux ; mais qu'il y eût une organisation militaire quelconque, digne d'un nom quelconque, je le nie. Il n'y avait plus rien. Tout était à créer.

Vers 5 heures du soir, Vermorel, Ostyn, et un autre membre de la Commission exécutive vinrent me trouver à Issy et, après s'être assurés de l'état des choses, me ramenèrent à Paris où je restai seul chargé de la direction des affaires militaires.

Mon premier soin fut de m'enquérir de la situation. Voici quelle elle était : infanterie, environ 145,000 hommes, *sur le papier*, sans organisation, mal armés, peu vêtus et dans un état de démoralisation, surtout au point de vue disciplinaire, dont rien ne peut donner une idée.

Il y avait des comités et sous-comités de toute nature. La légion combattait la municipalité et celle-ci la légion. Le Comité Central venait brocher sur le tout et complétait l'anarchie. Quand il n'y réussissait pas, alors intervenait la Commune qui, elle, réussissait toujours.

L'artillerie comptait environ 5,600 hommes, généralement bons pointeurs et surtout très attachés à leurs pièces dont ils avaient fait leur chose. Mais, volontaires avant tout, ces hommes ne voulaient faire que le service de remparts *intra* et *extra muros*, c'est-à-dire aux forts comme aux remparts de la ville. Il était impossible de les caserner pour en faire de l'artillerie de campagne. Du reste, ils obéissaient à un Comité spécial dont j'ai déjà parlé, plein de bonne volonté, mais absolument incapable et qui ne se souciait pas de perdre sa position en engageant ses hommes à entrer en caserne, ce qui lui aurait fait perdre toute action sur eux.

Quant aux pièces, le nombre en était considérable ; mais elles étaient tellement disséminées et, surtout, tellement mobilisées au gré des parties prenantes que je regarde comme absolument indignes de foi tous les relevés faits et présentés au Ministère de la guerre, à la Commune ou au Comité Central, avant le recensement fait par le génie.

Il y en avait beaucoup plus qu'on ne pouvait en utiliser : 1° faute d'artilleurs, 2° par suite de l'étrange approvisionnement légué par Trochu.

Ainsi, la majorité de l'armement se composait de pièces de 7 se chargeant par la culasse et il n'y avait pas 100 gargousses de 7 dans l'approvisionnement. Or, ces gargousses, d'un modèle particulier, nécessitent un outillage spécial pour les confectionner. Heureusement, que je retrouvai, quai de Bylly, cet outillage et que je pus réorganiser immédiatement les ateliers de construction. Mais, pendant une semaine, je fus sans gargousses de 7 et obligé, par conséquent, d'en refuser. Ne voulant pas dire la cause de mon refus, j'étais forcé de me laisser accuser tantôt de trahison, tantôt d'incapacité et de nonchalance.

En revanche j'avais un énorme approvisionnement de 12 livres qui ne me servait à rien.

Quant aux fortes pièces, nécessaires pour répondre aux pièces de marine du plus gros calibre dont l'ennemi disposait à profusion, j'avais 6 *obusiers courts de 24*, quelques pièces de 24 long et une seule pièce marine de 19, plus *La Joséphine* de Montmartre. Les autres pièces de marine étaient d'un calibre inférieur.

Les poudrières étaient disséminées partout et sous la dépendance forcée des municipalités ou des légions, c'est-à-dire des autorités locales, faute d'un personnel spécial, par suite soumises au gaspillage. En outre l'approvisionnement ne répondait nullement aux besoins de la défense comme répartition. Toutes les munitions d'infanterie ou, tout au moins les 3/4, étaient à la poudrière Beethoven, sous le Trocadéro qui en contenait pour au moins deux ans. Afin de réserver tous les approvisionnement de l'Est pour la dernière phase de la défense, j'avais ordonné de puiser exclusivement à la poudrière Beethoven. On fit le contraire. Comme les hommes qui défendaient la Commune appartenaient aux arrondissements de l'Est, ils s'approvisionnaient eux-mêmes avant de partir aux poudrières, moitié par commodité et moitié par méfiance.

Car, il faut bien le dire, le peuple se méfie toujours Quelque soit votre dévouement, il se méfie. Il se méfie surtout de ses amis, de ceux qui lui disent la vérité et est toujours trompé par ses ennemis dont il ne se méfie pas assez et qui le flattent.

Ce désordre dans la distribution des approvisionnements eut, plus tard, de graves inconvénients : quand les Versaillais entrèrent, ils s'emparèrent de la poudrière Beethoven presqu'intacte et laissèrent aux défenseurs de Paris celles de l'Est, vidées. Contre ce désordre je n'avais d'autre remède que d'organiser un corps spécial chargé des approvisionnements, ce que je fis, et de faire transporter la poudrière Beethoven en arrière, ce que j'allais faire quand je fus arrêté. De ma prison, plus de 16 jours avant l'entrée des Versaillais, je ne cessai d'écrire tantôt à Delescluze, tantôt aux membres de la Commune : Faites donc déménager la poudrière Beethoven et faites-la porter en arrière! Personne ne comprit. Seul le commissaire de police de l'Hôtel de Ville prit sur lui d'exécuter mon ordre ou plutôt de se conformer à mon avis, car je n'avais plus d'ordre à donner. Pendant deux jours, il transporta au Panthéon ou au Luxembourg les munitions qui ont servi aux derniers moments de la défense. Ni Rossel, ni Delescluze, qui avait tant crié contre mon administration, ne comprirent l'importance de cette mesure si simple.

La cavalerie n'existait pas, pas plus que le train. Les chevaux de luxe et autres avaient été, comme à la suite de toute révolution, la proie du vainqueur.

Chacun avait pris à sa convenance ; tout le monde voulait être monté. C'est incroyable comme le peuple aime à monter à cheval aussitôt qu'il le peut. J'ai remarqué cela ; non-seulement en France, mais partout où une insurrection triomphe, le peuple monte à cheval, c'est sa récréation, sa récompense. Cet amusement, inoffensif en lui-même, avait le grave inconvénient de me priver des moyens de transport nécessaires et m'empêchait de former un corps d'éclaireurs indispensable à l'offensive.

Le génie était représenté par quelques compagnies

portant ce nom afin d'être dispensées du service ordinaire de la Garde Nationale, mais qui n'avaient aucune des qualités spéciales requises par cette arme.

Quant à l'administration, Eudes l'avait mise dans les mains de son ami M. qui avait déployé une grande activité et rendu des services incontestables, mais par trop intéressés. J'appris, par la suite, qu'il prélevait 8 0/0 sur toutes les factures envoyées aux finances. De nombreuses plaintes des marchands ainsi volés me mirent au courant de leur procédé. On refusait d'ordonnancer, on traînait en longueur ; alors un compère offrait d'escompter à 8 % la facture qui, le lendemain, était soldée aux finances. Dans un cas j'ai vu retenir jusqu'à 18 % sur une facture. Les négociants, peu rassurés alors sur la durée de la Commune, acceptaient l'escompte. Je fis cesser cet abus en retirant au citoyen M. l'ordonnancement et généralement prohibant toute immixtion dans les contrats. Plus tard je supprimai l'Intendance.

Varlin, chargé par la Commune de vérifier les livres de M. n'y trouva rien d'insolite et cela se conçoit ; il n'allait pas y inscrire le tant pour cent prélevé par ses hommes de paille sur l'acquittement des factures. Mais la fraude n'en existait pas moins et les parties lésées peuvent en témoigner.

Le service médical était aussi tout entier à créer.

Je ne parle pas de l'état-major, représenté par Gois, qui en était le chef, et par une douzaine de farceurs, entr'autres un grand diable chargé de l'artillerie. Ayant été simple artilleur pendant le siège, il croyait par cela seul avoir toutes les qualités voulues pour être directeur de l'artillerie. Et, malheureusement, dans ce milieu impossible, cela paraissait suffisant. Tout ce que je puis dire de cet état-major, c'est qu'il était à la hauteur de ses généraux. Je dois en excepter pourtant un jeune lieutenant-colonel, vraiment capable, et deux ou trois officiers qui, en dehors des fonctions de l'état-major, eussent pu faire de bons officiers de troupe.

Si l'on ajoute à cela une demi-douzaine de compagnies franches qui, contrairement à la loi, sortaient des cadres de la Garde Nationale pour former des gardes prétoriennes, qui pour Bergeret, qui pour Eudes, qui pour Assi, qui pour Brunel, qui pour Flourens, etc. etc., on aura le recensement à peu près exact des forces que la Commune mit dans mes mains, le 4 avril 1871 et que, dans leur naïveté, mon vieil ami Varlin et ses amis appelaient la plus belle armée du monde. Exactement comme Thiers appelle les fuyards de Sedan et les capitulards de Metz et de Paris, la plus belle armée que la France ait jamais possédée. Pauvre France !

Mon premier soin fut de constater ce que je viens d'essayer de décrire bien imparfaitement ; j'y mis quelque temps et ne réussis pas du premier coup à voir tout. C'était un terrible écheveau de fil à débrouiller d'autant plus que j'avais à lutter contre trois obstacles presqu'insurmontables : 1° N'ayant pas été à Paris pendant le siège, je ne savais rien de ce qui s'était passé 2° pas un homme capable pour me seconder ; 3° les renseignements, qui m'étaient fournis par des hommes enthousiastes et ignorants : deux conditions essentielles pour parfaire l'erreur. C'est ainsi que mon premier pa fut un faux pas. Tout le monde m'affirmait qu'il y avait des compagnies de marche, qu'il suffisait de rappeler pour avoir immédiatement un noyau d'une vingtaine de mille hommes capable de servir de base à la formation d'une armée active. Je crus tout le monde et quand mon décret sur le rappel des anciennes compagnies de marche fut lancé, je m'aperçus qu'il n'y avait rien, rien, rien.

Pourtant, il fallait agir, et sans perdre de temps. Car la position était des plus critiques, et si Versailles, malgré ses généraux de carton, se fût aperçu de la situation de Paris, il était impossible qu'il ne tentât, par la Porte Dauphine, une attaque qu'il eût été très difficile de repousser.

Avant tout se présentèrent trois nécessités de 1er ordre : donner une direction ; approvisionner l'artillerie et mettre de l'ordre dans cette cohue, sans forme, sans nom et hors d'état de se mouvoir, qui avait été la Garde Nationale et n'était plus que le gâchis, résultat de la tentative insensée du 3 avril.

Reliure serrée

Chapitre III

AU MINISTÈRE DE LA GUERRE

(*Organisation militaire.* — *3-30 avril* 1871.)

I

L'ÉTAT-MAJOR

Rossel au Ministère de la guerre. — Composition de l'état-major — Ordre relatif à la tenue. — M. Godillot se présente chez l délégué à la guerre.

Ce fut donc sur ces trois points principaux que mo attention se porta d'abord. La direction vient de l'état major. J'eus la bonne fortune, grâce à Malon, de ren contrer Rossel. Je ne le connaissais pas, même de nom On m'avait dit qu'il sortait de l'Ecole Polytechniqu et de l'arme du génie où il avait été capitaine. Ayan un siège à soutenir c'était une excellente acquisition Malheureusement, les hommes de mérite dédaignen souvent leur spécialité, où ils sont réellement supé rieurs, pour se lancer dans d'autres branches de l'acti vité humaine où ils sont médiocres et même nuls.

Sans parler de Rossini qui délaissait la musique pour la cuisine et d'Ingres, qui se croyait meilleur violoniste que peintre, j'ai souvent vu dans l'état militaire des officiers des armes spéciales se tromper étrangement sur leur aptitude à manier les troupes ou les masses.

Ainsi de Mac Clellan, excellent officier du génie et détestable officier de troupe. Ainsi de Rossel, qui se crut appelé à un tout autre rôle que celui qu'il pouvait et devait remplir ; diriger les travaux de la défense et m'aider dans la réorganisation des forces qui devaient y concourir.

Chacun connaît aujourd'hui la photographie de Rossel ; au moral il offrait un type qui se rapprochait des puritains du XVIIe siècle, sauf sous le rapport des mœurs, il consacrait trop de temps à la femme ; calme jusqu'à la froideur, résolu, sévère jusqu'à la dûreté, cassant, ambitieux au-delà de toute expression, républicain, nullement socialiste, excellent officier dans sa spécialité, méprisant le peuple en véritable bourgeois et, par dessus tout, mû par une pensée dominante : jouer les Bonaparte ; je ne dis pas les Napoléons ; je ne saurais mieux le définir qu'en le traitant de Robespierre militaire et amoureux. Ajoutez à tout cela une réserve extrême poussée jusqu'à la dissimulation et facilitée par des lunettes de couleur foncée derrière lesquelles se cachait le regard. Un front bas, couvert par des cheveux bruns, courts et épais, une barbe rousse et claire, une figure et un corps maigres, tel était mon chef d'état major.

Les débuts de Rossel furent excellents. Je lui avais remis pleins pouvoirs sur l'état major, que je lui laissai composer à sa guise. En fait, à part Beaufort, qui m'avait accompagné et que j'avais gardé au ministère comme simple officier d'ordonnance, ce qui correspond à la domesticité militaire, je ne connaissais pas un seul officier composant l'état major général. Je ne m'occupais que de la répartition du travail, limité aux branches les plus essentielles de l'organisation.

La Commune me reprocha plus tard la composition de cet état-major. J'ai conservé le principe américain en fait d'organisation : laisser au chef de service toute autorité afin d'en exiger toute responsabilité. En conséquence, ce n'était que justice de laisser à Rossel, chef d'état major responsable vis-à-vis de moi, la liberté de choisir son personnel. Ce personnel était véreux, dit-on, au point de vue politique. Je n'en sais rien et ce ne sont pas les accusations vagues de la Commune, accusant tout le monde, à commencer par ses propres membres, qui seraient de nature à faire impression sur mon jugement. Je sais que je refusai, plus d'une fois, d'imposer ou même de présenter à Rossel des protégés de Delescluze et consorts. Ces hommes pouvaient être d'excellents Jacobins, mais c'étaient certainement des hommes ignorant l'A B C du métier. Or, ce qu'il nous fallait, avant tout, c'étaient des hommes du métier, capables de comprendre et d'exécuter les ordres qu'ils recevaient. Si je les avais acceptés, j'aurais simplement hâté le dénouement que Delescluze s'est si promptement chargé de réaliser avec ces mêmes hommes et d'autres, pires encore, tels que Masson, par lesquels il a remplacé l'état major de Rossel.

Au désordre succéda un ordre relatif dans le minisère et d'un caravansérail, on put se croire transporté dans un état major en campagne.

Je ne sais à quoi attribuer le désir de *fricoter* qui s'était emparé de tous les nouveaux fonctionnaires. Partout on fricotait. — A l'Hôtel de Ville, Assi, ce grand fricoteur, mettait sur les dents ce pauvre Jourde qui ne savait comment faire face aux dépenses illimitées de la table officielle. Non qu'on y bût ou mangeât outre mesure, — mais s'installait qui voulait. Et quoique la somme payée à l'intendant pour chaque repas, fût des plus modestes, — 2 fr. le déjeuner et 2 fr. 50 le dîner — répétée à l'infini, cela constituait un gaspillage considérable. On y mit ordre en arrêtant Assi. A l'état major de la place Vendôme, où trônait Bergeret, il y avait moins d'invités, mais beaucoup plus de recherche. On jouait à l'ancien régime et on était servi par des domestiques en habit noir. Qui payait? Je n'ai jamais pu le savoir. Ce désordre fut un de mes griefs contre le général improvisé de la Commune. En le supprimant, je supprimai le désordre, mais me fis autant d'ennemis qu'il avait de commensaux. Celui-là n'avait vu dans le 18 Mars qu'un avènement à la bonne chère et une mascarade à grands coups de canon. Parader et bien vivre..... son intelligence n'allait pas au-de-là[1].

Au Ministère de la Guerre, il y avait moins de dépense. Je crois que l'Intendance savait couvrir en na-

---

[1] Ces appréciations sévères, que ma conscience m'impose, me sont d'autant plus pénibles que c'est à Bergeret, à son initiative personnelle que nous devons l'anéantissement des Tuileries, qui a été aussi politique, aussi grandiose que fut stupide l'anéantissement de l'Hôtel de Ville, dû à Pindy.

ture les dépenses de la cuisine. Mais, là aussi, les amis des amis s'invitaient et, d'un lieu de travail, on avait fait une auberge.

Je fis cesser immédiatement cet abus, en interdisant toute cuisine dans l'hôtel, même pour mon usage personnel.

Le Comité Central, dans des proportions même très modestes, je le reconnais, j'ajouterai même très légitimes, crut pouvoir enfreindre cet ordre et commencer pour quelques-uns de ses membres un Mess au rez-de-chaussée. J'interdis, à regret, cette légère infraction à mes ordres afin de maintenir : 1° le principe disciplinaire, 2° donner au peuple qui combattait et ne venait manger ni à l'Hôtel-de-Ville ni aux Ministères, l'exemple de l'ordre, de l'économie et surtout de l'austérité républicaine.

C'est pour le même motif que je fus obligé d'insister à plusieurs reprises pour faire évacuer les grands appartements par la femme d'Eudes qui s'en était emparée et les détenait après le départ de son mari, malgré mes observations et les avis réitérés de Pyat et de Delescluze.

Je ne pouvais pas comprendre et je suis sûr que la masse des travailleurs n'a pas dû comprendre plus que moi, pourquoi, du jour au lendemain, il fallait, à ces jeunes gens qui, la veille, habitaient une mansarde et étaient modestement vêtus, des palais et des galons. Non seulement c'était d'un déplorable exemple pour le peuple, mais en sanctionnant, par l'usage, toutes les somptuosités d'un régime corrompu, on conservait le gaspillage des deniers du peuple qui avaient servi à l'érection et à l'entretien de toutes ces merveilles d'un luxe corrupteur. On démoralisait le peuple. Et là où une violente réaction contre la mollesse de l'empire devait être la préoccupation de tout véritable ami de la France, de la République et du peuple, on offrait, à ce dernier, une sorte de prime d'encouragement à l'absoudre en l'imitant.

A coup sûr, ni Eudes ni Bergeret ne firent toutes ces réflexions ; ils ne virent que la revanche prise sur les maîtres et les tourmenteurs de la veille. Ils ne songèrent pas à mal ; celui qui veut entrer dans la vie publique doit être au-dessus des faiblesses privées et calculer la portée de ses actions. Car cette portée est juste proportionnelle à la hauteur où vous place la confiance de vos concitoyens.

Je fis tout mon possible pour mettre un terme aux ridicules mascarades de la jeunesse communière. Le décret de la Commune portait qu'il n'y aurait qu'un seul corps, la Garde Nationale ; un seul uniforme et une seule solde, ceux de la Garde Nationale. Cela horripilait cette jeunesse qui ne rêvait que revers écarlates et bottes à l'écuyère, comme les cent gardes. Passant par-dessus l'ordre du gouvernement de leur choix, ils satisfirent leur *desideratum* au moyen de Godillot, le fournisseur impérial qui s'empressa de leur faire crédit, croyant en cela faire d'une pierre deux coups, faire oublier ses antécédents impériaux tout en réalisant de jolis bénéfices. Il se trompa grossièrement.

Je le vis arriver un jour la bouche en cœur au ministère.

4

— Qu'y-a-t-il pour votre service, M. Godillot? lui demandai-je, fort étonné de le voir au ministère.

— Une petite facture, citoyen ministre.

— Tonnerre! est-ce que vous vous fichez de moi. Ah! ça, ai-je la tête d'un homme à être habillé par vous?

— Mais, citoyen, il ne s'agit pas de vous.

— Alors, Monsieur?

— Mais, de vos officiers.

— En quoi cela me regarde-t-il, je vous prie?

— Mais il est d'usage, j'avais cru...

— Mal cru, Monsieur; non seulement je ne vous ferai pas payer, mais je m'y oppose et j'espère être obéi sur ce point mieux que la Commune ne l'a été. Comme ils n'ont pas le sou et que, sans crédit, ils ne peuvent violer les ordres du gouvernement, ils obéiront ainsi par force. Quant à vous, je devrais vous faire arrêter, mais ce sera pour une autre fois, si vous y revenez.

Il n'y revint pas et je lui tournai les talons le laissant fort penaud.

II

L'ARMEMENT

La situation. — Adoption d'une mitrailleuse. — L'outillage des arsenaux. — Un chef de service vendu à Versailles.

L'état major composé et mis en mouvement, je m'occupai d'approvisionner l'artillerie. C'était la principale chose car il fallait s'occuper de riposter aux coups de canon de Versailles.

Je fus assez heureux pour retrouver l'outillage des approvisionnements de sept. On confectionnait au quai du Billy et on chargeait à Vanves. Ceci fait, je rétablis successivement tous les ateliers de fabrication qui étaient en activité pendant le siège et hâtai, de tout mon pouvoir, les constructions de mitrailleuses. Après en avoir essayé de trente espèces différentes, je m'arrêtai au système américain Gattling. La portée est plus considérable, le chargement plus rapide, l'entretien plus facile. Elles nécessitent moins de réparations que la plupart des autres systèmes [1].

[1] En 1871. — Depuis on a perfectionné cet engin.

En huit jours tout fut en pleine activité et je produisais plus que je ne dépensais. Je dois dire que cette partie de ma tâche fut relativement facile par les raisons suivantes : agissant directement, de clerc à maître, et ayant supprimé tous les intermédiaires entre les ouvriers producteurs et le ministère de la guerre consommateur, je me trouvais dans les conditions d'un industriel ayant dans ses mains personnel, capital et outillage en parfait état. Ce personnel était celui des travailleurs travaillant pour eux-mêmes, sans autre adjonction que celle du contre-maître choisi par moi parmi eux. Le capital monétaire était fourni par le ministère des finances, toujours en mesure, et l'outillage avait été laissé par le gouvernement du 4 Septembre. Je n'eus donc pas grand mérite à mettre cette branche de service en activité et la plus grande part du succès revient aux ouvriers.

L'armement fut une des branches les plus mal administrées, ce qui s'explique, en partie, par le malheureux choix, que je fis de M. Brin, traître vendu à Versailles. N'ayant personne sous la main à mettre à la tête de cette branche du service, je cédais aux instances de ce jeune homme, fort actif, intelligent, mais surtout fort intrigant. Depuis mon arrivée à l'Hôtel de Ville, il s'était attaché à mes pas, m'assommant de projets tous plus hétéroclites les uns que les autres. Au milieu de tout cela je croyais discerner un énorme besoin de percer et pensai qu'en ouvrant un exutoire à cette activité, je pourrais l'utiliser au profit de la Commune. C'est pourquoi je le mis à la tête du bureau de l'armement avec des fonctions ainsi limitées : recevoir, contrôler et emmagasiner ; au besoin faire rentrer les armes provenant du désarmement des gardes nationaux réfractaires ou ne faisant pas de service pour un motif quelconque. Je m'aperçus bientôt qu'il ne rentrait aucune arme, mais qu'en revanche, M. Brin, imitant M... passait des contrats insensés pour fourniture de sabres, de revolvers etc., etc. Je destituai M. Brin.

La véritable, la seule difficulté sérieuse que je rencontrai, dans l'organisation générale, fut celle des cadres. Il n'y avait certainement pas cent officiers dignes de ce nom, pour encadrer cent mille hommes. Pour l'artillerie, j'avais deux officiers capables.

III

L'INFANTERIE

Division de la garde nationale en garde active et garde sédentaire. — Réorganisation des compagnies de marche. — Maladresses de la sûreté générale. — Les réfractaires et les prêtres. — Le zèle de Rossel. — Le colonel Meyer organisateur. — Proclamation à la Garde Nationale, rappel à la simplicité républicaine. — Nouvelle proclamation pour hâter l'organisation. — Ordres relatifs aux légions et aux municipalités. — Rapport du colonel Meyer.

Ma première pensée fut de séparer immédiatement la Garde Nationale en deux grandes fractions ; la première active ou mobile, la seconde sédentaire.

Sous l'impression qu'il existait des compagnies de marche, ainsi que me l'affirmait le Comité Central, je rendis le décret suivant, le 4 avril.

Ministère de la Guerre.

Les compagnies de marche seront immédiatement réorganisées.

Les officiers, sous-officiers et gardes entreront en solde, à partir du 7 avril.

Les gardes toucheront 1 fr. 50 et les vivres.
Les sous-officiers 2 francs.
Les officiers 2 fr. 50.

Quand les compagnies agiront en dehors des murs, les officiers toucheront la solde de leur grade dans l'armée.

Les quatre compagnies de chaque bataillon éliront un chef de bataillon spécial.

Les élections auront lieu le 6 avril.

La revue sera passée au Champ de Mars par les membres de la Commune, le 7 avril, à 2 heures de l'après-midi.

Bureau d'organisation et de renseignement au ministère de la guerre et à la place.

Font partie des bataillons de guerre tous les citoyens de 17 à 35 ans non mariés, les gardes mobiles licenciés, les volontaires de l'armée ou civils. Les effets de campement seront complétés dans le plus bref délai.

Paris, le 4 avril 1871.

Par ordre de la Commune :

Le Délégué au Ministère de la Guerre,

CLUSERET.

On m'a reproché d'avoir dénaturé l'esprit de la révolution en forçant les citoyens, de 17 à 35 ans, de la servir, au lieu de n'accepter que des volontaires. Malon s'est fait l'écho de cette opinion, que, pour ma part, je ne trouve pas tout à fait sans fondement. Il prétend, en outre, que l'obligation de servir ne donna pas 1,000 hommes de plus à la Commune. En continuant ce raisonnement, il était également arbitraire de réclamer, au nom de la discipline, l'abandon de la souveraineté individuelle dans le service. Le service militaire eût dû être purement volontaire et dans la forme et dans le fond.

C'est une opinion, mais ce n'est pas la mienne. Avec un semblable système, on doit attendre, pour le triomphe des principes, d'où dépend le perfectionnement de l'humanité, qu'elle se soit perfectionnée elle-même à ce point de réunir en un seul faisceau les bras, les cœurs et les intelligences ; le tout mis en mouvement par un commun accord. C'est-à-dire attendre pour faire triompher l'idée qu'elle ait triomphé toute seule.

Ce qui constitue un cercle vicieux dont les ennemis du peuple auraient seuls les bénéfices.

Le peuple de Paris s'étant soulevé et ayant proclamé, par la voix du suffrage universel, un certain mode d'existence violemment attaqué par la minorité dissidente, il n'y avait pour la majorité parisienne que deux partis à prendre : se soumettre ou résister. Ayant opté pour le dernier parti, il fallait être logique, condenser tous les moyens de résistance et détruire toutes les causes d'affaiblissement dans la défense. Or, au premier rang, se produisait le mécontentement de la masse des combattants, pour la plupart travailleurs, — en présence de la lâcheté des petits crevés de la bourgeoisie se carrant sur les boulevards, le cigare aux lèvres, quand ces braves gens marchaient à la mort pour conquérir l'indépendance municipale. D'autre part, il était moins dangereux d'avoir ces drôles dans les rangs que flânant de Paris à Versailles et *vice versà*. Il était également bon d'avoir un point d'appui légal pour déterminer les gens timorés, mais bien intentionnés, à faire leur service plutôt que de rester chez eux.

Enfin, c'était justement la négation absolue du libre arbitre dans l'action, c'est-à-dire le point de départ de la discipline, sans laquelle il n'y a pas de succès militaire possible.

J'ajoute que, dans l'application, je fus on ne peut plus coulant, permettant de quitter Paris à quiconque le demandait. En effet, pour moi la liberté consistait dans ceci : Restez, ou allez-vous en ; mais si vous restez à Paris, conformez-vous aux lois nouvelles que la majorité de ses habitants s'est données.

Si, dans l'application, le décret ne produisit pas tout ses effets, la faute en fut à la Sûreté générale qui ne fit rien de ce qu'elle devait faire et fit tout ce qu'elle aurait dû éviter : aigrissant les esprits par des arrestations insensées, arbitraires, que rien ne justifiait et qui détruisaient notre principe fondamental : la liberté de conscience ; faisant de la police de caprice au lieu de faire de la police de sûreté et ne voyant rien, ne surveillant rien, faute d'organiser quoi que ce soit.

En sorte que le nombre des adhérents à la Commune diminuant, celui des réfractaires augmentait. Et, comme le peu de capacité de Rigault et de ses amis était employé à fermer des églises, à arrêter des prêtres, en un mot à faire le croquemitaine auprès de gens sans défense, il ne lui restait ni temps ni ressources pour faire son véritable métier : surveiller les menées des agents versaillais qui, répandus à profusion dans les faubourgs, payaient à boire sans compter, excitaient à l'indiscipline, effrayaient et démoralisaient par tous les moyens et constituaient le plus sérieux des obstacles à la défense de Paris. La Sûreté générale, qui devait être mon bras droit, non-seulement ne me fut d'aucune utilité, mais fit plus de mal à la défense que les troupes de Versailles. Vermorel le savait bien, comme aussi Tridon, Delescluze et Pyat, mais Tridon était mourant, Vermorel suspect, Delescluze et Pyat pour rien au monde n'eussent voulu intervenir, même indirectement, en faveur des prêtres.

Je ne les aime pas plus qu'eux, mais j'ai horreur des coups d'épée dans l'eau. Enfoncer la muraille à coups de tête m'a toujours paru absurde, parce que c'est la muraille qui défonce la tête. Je suis pour tout moyen de la démolir, fut-ce à coups d'épingle, faute de canon.

Or, s'attaquer aux prêtres, individuellement dans le cas où nous nous trouvions était juste donner de la tête contre la muraille.

Que représente le prêtre individuellement ? rien. Il n'a de valeur sociale que comme Eglise, le tout. Atteignait-on l'Eglise en touchant l'individu ? Nullement. — D'autant plus que s'il y a une organisation où l'individu disparaisse, c'est bien celle de l'Eglise personnifiée dans une tête, le pape ; des membres, les chefs d'ordre religieux ; et des viscères, les évêques. Le clergé représenterait tout au plus la mâchoire, comme le peuple représente l'alimentation.

Ce corps n'est vulnérable qu'à la tête ou dans ses membres c'est-à-dire en Italie. En France nous ne pouvons que troubler l'organe digestif en y introduisant le microbe de la révolte par le bien-être du bas-clergé rendu indépendant du bon vouloir des évêques. Alors, les pierres étant désunies, peut-être pourrait-on abattre une partie de la muraille. Mais tout ce qu'on tentera contre l'individu profitera à l'Eglise qui puisera dans la persécution un regain de jeunesse et de popularité.

Et voilà pourquoi je suis opposé à toute taquinerie mesquine contre le clergé. Tant que je ne pourrai atteindre l'Eglise, je laisserai ses membres en paix [1].

J'essayai d'enrayer le mouvement en interdisant aux gardes nationaux les arrestations arbitraires et faisant moi-même arrêter, comme à Saint Roch, les agents de Rigault qui mettaient tout sens dessus dessous par la fermeture des églises et l'arrestation des prêtres. Mais, d'une part, mon temps, tout entier à la réorganisation, ne me permettait pas de consacrer l'attention nécessaire à cette affaire et, d'autre part, je m'étais fait une règle absolue, inflexible, de ne me mêler en rien à la politique : la défense de Paris, rien de plus. C'est ainsi que je ne lus aucun journal, tant que je fus au pouvoir et parus cinq fois à la Commune, la première pour l'affaire Bergeret, la deuxième pour l'affaire Giraud, la troisième pour être accusé, la quatrième pour être arrêté et la cinquième pour être jugé et acquitté.

Cette détermination, grosse d'inconvénients, je le

---

[1] Un double exemple, récent et éclatant, est venu confirmer mon opinion.

Bismark, plus puissant que Rigault a essayé, du haut de son omnipotence allemande et protestante, de lutter en détail contre l'Église et, pour la deuxième fois, l'Histoire enregistre le voyage du représentant de l'Allemagne à Canossa.

Ferry, plus puissant aussi que Rigault est parti bruyamment en guerre contre les couvents — et c'était vraiment là qu'il fallait toucher — il en revint tout penaud. Ce sont de ces luttes qu'il ne faut engager qu'avec la certitude de vaincre et la volonté d'aller jusqu'au bout.

sais, avait été prise afin d'éviter de donner le mauvais exemple de l'immixtion du pouvoir militaire dans la direction politique. J'ai la foi la plus absolue dans la liberté et crois qu'elle ne peut se fonder que par elle-même. Or, l'immixtion du commandement militaire dans la politique, c'est forcément, logiquement, la dictature à courte échéance, et jamais on n'établira la liberté par la dictature.

Il était utile de donner ces éclaircissements indispensables à l'intelligence de ma conduite durant mon passage au Ministère de la guerre.

Rossel me seconda puissamment pendant quelques jours; son zèle ne se ralentit pas jusqu'à l'affaire de la Cour martiale dont je parlerai plus loin. Mais Rossel n'était pas organisateur; je m'en aperçus bien vite. Cassant et personnel, il éloignait au lieu d'attirer et rendait impossibles des hommes qu'on aurait pu utiliser en n'exigeant pas d'eux certaines conditions qu'on ne peut trouver que chez des officiers de profession. Le grand tort de Rossel était d'avoir vingt-sept ans et de ne s'être jamais frotté à l'humanité[1]. Or, dans les conditions où nous nous trouvions, il ne suffisait pas de bien connaître le métier; il fallait, en outre, connaître les hommes, être aussi familier avec les organisations volontaires qu'avec celles dites régulières, afin de n'exiger que l'indispensable et faire la part du feu en aban-

[1] Quand la guerre éclata, Rossel était capitaine employé au Ministère de la Guerre où il dessinait. Il ne put obtenir d'être envoyé à l'armée qu'au moment de l'investissement de Metz. Après la capitulation il fut employé par Gambetta à installer un camp. Voilà tous ses états de service. Pas de campagnes. Officier de bureau.

donnant ce qui ne pouvait s'obtenir. Cette sorte d'expérience manquait complètement à Rossel et la raideur de son caractère s'opposait à ce qu'il pût l'acquérir promptement. D'autre part, il n'avait aucun prestige personnel qui pût faire oublier aux officiers de la garde nationale, sans cesse en contact avec lui, les formes sèches et hautaines dont il affectait de se servir. Malgré ces défauts, qui me forçaient trop souvent à intervenir, les qualités de Rossel me furent, je le répète, d'un certain secours au début. Il se faisait obéir de ses officiers et savait répartir le travail. Il était clair, lucide, et son état-major fonctionnait régulièrement sous sa direction. Aussi lui en laissai-je la direction absolue, et mis à la tête de l'organisation de la garde nationale proprement dite le colonel Meyer, Rossel ayant échoué complètement dans sa tentative d'organisation et m'ayant fait perdre plusieurs jours.

Ce colonel avait été mon fourrier au 4ᵉ bataillon de chasseurs en Afrique et en Crimée, où il avait été affreusement blessé et où je l'avais fait décorer pour sa belle conduite. Meyer était organisateur jusqu'au bout des ongles. Il faisait de l'organisation comme Courbet de la peinture ; c'était son art et sa vie. Je ne crois pas que Meyer fut grand socialiste, ni que la politique ait jamais troublé son cerveau, mais il eût servi Satan, si Satan lui eût confié une organisation quelconque. Aussi avais-je pleine confiance en lui et jamais je n'eus à m'en repentir. En moins de vingt jours, il organisa 41,500 hommes, les pourvut de tout, armement, habillement, équipement et campement, en un mot il les mit en état d'entrer en campagne.

Tel était l'effectif de l'infanterie de la garde nationale

active ou de marche dont je pouvais disposer le 30 avril, jour de mon arrestation par la Commission exécutive.

Cette supériorité organisatrice incontestable avait excité la jalousie de Rossel qui sans cesse lui créait des conflits d'autorité ou d'attributions, dans lesquels le beau rôle n'était pas du côté de Rossel, que j'étais obligé de remettre à sa place.

J'appris, avec peine, qu'après mon départ il fit arrêter Meyer.

Les ordres ci-après servirent de base à l'organisation des légions :

Ministère de la Guerre ;

Considérant qu'il importe que les bataillons de marche aient, à leur tête, des chefs qui les dirigent effectivement ;

Considérant que, dans les événements récents, un certain nombre de chefs ont fait défaut ;

Vu le décret du 4 avril du Délégué à la Guerre ;

Le Comité central arrête :

Dans chaque bataillon un commandant sera nommé par les quatre compagnies de guerre et les conduira. Les compagnies sédentaires resteront sous son contrôle et seront administrées, en son absence, par un capitaine commandant hors cadre ;

Tous les titulaires devront se présenter en dernier délai samedi 8, aux bureaux du Comité Central, au Ministère de la Guerre, avec leurs titres de nomination. A la date du Dimanche, 9 avril, le service des secteurs est supprimé.

Par délégation :

G. Arnold ; C. Gaudier ; Prud'homme ; L. Boursier ; J. Groslard.

Vu et approuvé :

Le Délégué à la Guerre,
Cluseret.

Ministère de la Guerre

A la Garde Nationale

Citoyens,

Je remarque avec peine que, oubliant notre origine modeste, la manie ridicule des galons, des broderies, des aiguillettes, commence à se faire jour parmi nous.

Travailleurs, vous avez, pour la première fois, accompli la révolution par et pour le travail.

Ne renions pas notre origine et surtout n'en rougissons pas. Travailleurs nous étions, travailleurs nous sommes, travailleurs nous resterons.

C'est au nom de la vertu contre le vice, du devoir contre l'abus, de l'austérité contre la corruption que nous avons triomphé ; ne l'oublions pas.

Restons vertueux et hommes du devoir avant tout, nous fonderons alors la République austère, la seule qui puisse et ait le droit d'exister.

Avant de sévir, je rappelle mes concitoyens à eux-mêmes : plus d'aiguillettes, plus de clinquant, plus de ces galons qui coûtent si peu à étager et si cher à notre responsabilité.

A l'avenir tout officier qui ne justifiera pas du droit de porter les insignes de son grade, ou qui ajoutera à l'uniforme réglementaire de la Garde Nationale des aiguillettes ou autres distinctions vaniteuses, sera passible de peines disciplinaires.

Je profite de cette circonstance pour rappeler chacun au sentiment de l'obéissance hiérarchique dans le service ; en obéissant à vos élus, vous obéissez à vous-mêmes.

Paris, 7 avril 1871.

Le Délégué à la Guerre,
G. CLUSERET.

Considérant les patriotiques réclamations d'un grand nombre de gardes nationaux, qui tiennent, quoique mariés, à l'honneur de défendre leur indépendance municipale, même au prix de leur vie, le décret du 5 avril est ainsi modifié :

De dix-sept à dix-neuf ans, le service dans les compagnies de guerre sera volontaire, et de dix-neuf à quarante, obligatoire pour les gardes-nationaux, mariés ou non.

J'engage les bons patriotes à faire eux-mêmes la police de leur arrondissement et à forcer les réfractaires à servir.

Le Délégué à la Guerre,
G. CLUSERET.

ORDRE

Depuis quelques jours, il règne une grande confusion dans certains arrondissements ; on dirait que des agents payés par Versailles prennent à tâche 1º de fatiguer la Garde Nationale, 2º de la désorganiser.

On fait battre la générale pendant la nuit.

On bat le rappel à tort et à travers. En sorte que personne ne sachant plus auquel entendre, on ne se dérange même plus ; et cette puissante institution, cette armée, espoir et salut du peuple, est à la veille de sombrer sous le triomphe.

Un tel état de choses ne saurait subsister plus longtemps. En conséquence, j'invite tous les bons citoyens à se pénétrer des instructions suivantes :

La générale ne sera battue que par mon ordre ou celui de la Commission Exécutive et dans le seul cas de prise d'armes générale.

Le rappel ne sera battu dans les arrondissements que par ordre de la Place, signé du Commandant de place, et pour la réunion d'un certain nombre de bataillons commandés par un service spécial.

Ce n'est pas tout. Malgré mes ordres formels, une canonnade incessante diminue nos provisions, fatigue la population, irrite les esprits et amène, d'un côté, la fatigue, de l'autre la colère et la passion.

En sorte que cette Révolution, si grande, si belle et si pacifique, pourrait devenir violente, c'est-à-dire faible

Nous sommes forts ; restons calmes.

Cet état de choses est dû, en partie, à des chefs militaires trop jeunes et surtout trop faibles pour résister à la pression populaire. L'homme du devoir ne connait que sa conscience et méprise la popularité. Je réitère l'ordre d'avoir à se tenir sur la plus stricte défensive et à ne pas jouer le jeu de nos adversaires, en gaspillant et nos munitions et nos forces et surtout la vie de ces grands citoyens, enfants du peuple, qui ont fait la Révolution actuelle.

Quand le bruit aura cessé, que le calme de la rue aura passé dans les esprits, nous serons beaucoup plus aptes à perfectionner notre organisation, d'où dépend notre avenir.

En attendant, citoyens, laissons de côté toutes ces petites rivalités, toutes ces personnalités mesquines, qui tendent à désunir ce magnifique faisceau populaire formé par la communauté de la souffrance. Si nous voulons vaincre, il faut être unis. Et quel plus beau, plus simple et plus noble lien que celui de la fraternité des armes au service de la Justice !

Formez vite vos compagnies de guerre ou plutôt, complétez-les, car elles existent déjà.

De dix-sept à dix-neuf ans, le service est facultatif, de dix-neuf à quarante, il est obligatoire, marié ou non.

Faites, entre vous, la police patriotique, forcez les lâches à marcher sous votre œil vigilant.

Aussitôt que quatre compagnies formant au minimum un effectif de 500 hommes seront constituées, que leur chef de bataillon demande à la place un casernement. En caserne ou au camp, son organisation s'achèvera rapidement et alors tout ce trouble, toute cette confusion s'évanouiront au souffle puissant de la victoire.

Danton demandait à nos pères de l'audace, encore de l'audace, toujours de l'audace ; je vous demande de l'ordre, de la discipline, du calme et de la patience ; l'audace, alors, sera facile. En ce moment, elle est coupable et ridicule.

Paris, le 8 avril 1871.

Le Délégué à la Guerre,
G. CLUSERET.

———

Paris, le 9 avril 1871.

Chaque Compagnie doit élire trois délégués, sans distinction de grade pour former le cercle de bataillon, avec un officier nommé par le corps des officiers et le chef de bataillon.

Les cercles de bataillon d'un arrondissement doivent élire deux délégués pour former le conseil de légion avec les chefs de bataillons de l'arrondissement.

Les conseils de Légion de chaque arrondissement doivent élire trois délégués pour former le Comité Central.

Les chefs de bataillon d'un arrondissement désignent à l'élection l'un deux comme chef de légion pour faire également partie du Comité Central.

Un des délégués des compagnies est spécialement désigné pour assister aux assemblées générales de la fédération et en rendre compte à ses commettants.

Assistent également aux assemblées générales les officiers élus par les corps d'officiers de leurs bataillons et les chefs de bataillons.

Les cercles de bataillon et les conseils de légion sont des conseils de famille qui doivent spécialement s'occuper des intérêts particuliers de leurs mandants ; ils ont à connaître des réclamations de toute nature et à les appuyer auprès du Comité Central.

Ils doivent faire procéder aux élections des vacances dans les délégations.

Ils doivent veiller au bon esprit de leurs bataillons ou légions, au maintien de la discipline par la persuasion et l'exemple et mettre tout en œuvre pour qu'aucun des gardes nationaux ne puisse se soustraire à la part de service qui lui incombe.

Ils font connaître au Comité Central leurs vœux et leurs idées pour les améliorations à apporter dans l'organisation générale.

Les chefs de légion peuvent recevoir directement de l'autorité militaire les ordres concernant un ou plusieurs bataillons placés sous leur commandement.

En aucun cas, les conseils de légion, les cercles de bataillons ou les délégués de compagnies ne peuvent s'immiscer dans le commandement, donner des ordres ou faire battre ou sonner le rappel pour les bataillons.

Il importe, au salut commun, que ces prescriptions soient scrupuleusement observées, de manière à ce que tous les intérêts civils et militaires de la Garde Nationale soient complètement sauvegardés et qu'une discipline intelligente vienne s'introduire dans les rangs des valeureux citoyens sur le courage desquels repose l'avenir de la République.

Les gardes nationaux ne sauraient apporter trop de soin dans l'élection de ceux qu'ils appellent à les commander.

La science militaire, l'énergie et la foi républicaine sont des qualités que doivent réunir les candidats.

Mais une fois les choix faits avec ce discernement, ils doivent donner leur confiance à leurs élus, s'abstenir d'interpréter les ordres qu'ils reçoivent, ne jamais perdre de vue que l'obéissance et la discipline sont la force des armées et que tout corps indiscipliné devient une bande sans cohésion, facilement battue.

L'autorité qui donne un ordre en est responsable et toute désobéissance, quelquefois même toute hésitation peut devenir un crime qui compromet l'honneur de la Garde Nationale et le succès d'une opération. Les chefs doivent commander avec douceur, mais doivent énergiquement réprimer toutes les velléités de discorde.

Le bon sens des citoyens établira facilement ce lien de confiance et de solidarité réciproques, qui doivent être la discipline de la Garde Nationale.

La présente circulaire sera copiée sur les livres d'ordre de chacune des compagnies et lues à trois appels consécutifs.

Pour le Comité Central ;

> G. Arnold ; Andignoux ; Andimard ; Avoine fils ; Baroux ; Bouit ; L. Boursier ; A. Chouteau ; A. du Camp ; Fabre ; Ferrat ; Fougent ; C. Gaudier ; Grobon ; Gourier ; Grellier ; Gumat ; Lourlette ; Ed. Moreau ; Prud'homme ; Rousseau ;

Approuvé :

Le Délégué à la Guerre,

CLUSERET.

ORDRE

A partir d'aujourd'hui, 16 avril, tout ce qui a rapport à l'organisation des bataillons de guerre incombe aux municipalités chargées de compléter les effectifs, faire élire les cadres et diriger les bataillons sur le Champ de Mars ou le parc Monceaux. Arrivés au camp, les bataillons n'auront plus de rapports qu'avec le Ministère de la guerre, par l'intermédiaire des chefs de service.

Les chefs de légions aideront les municipalités dans leur travail, mais n'auront aucune action sur les bataillons de guerre. Ceux-ci seront exclusivement chargés des opérations extérieures.

Le service intérieur incombe au bataillon sédentaire, sous la direction du chef de légion.

Paris, le 16 avril 1871.

Le Délégué à la Guerre,

CLUSERET.

Ministère de la Guerre.

Considérant que l'organisation des bataillons de la Garde Nationale nécessite de la part de l'état-major de la Légion une aptitude spéciale;

ARRÊTE :

L'état-major de la Légion composé de :
Un chef d'état-major ;
Un major de place ;
Deux capitaines d'état-major ;
Et quatre adjudants,
Est nommé par le Délégué à la Guerre.

Paris, le 25 avril 1871.

Le Délégué à la Guerre,

CLUSERET.

Le Membre de la Commune délégué à la guerre ;
Vu le rapport de la commission de la guerre,

ARRÊTE :

ART. 1er. — Il est créé dans chaque municipalité un bureau militaire composé de sept citoyens ; ils seront nommés par les membres de la Commune de chaque arrondissement ;

Leurs attributions sont ainsi fixées :
Requérir les armes ;

Rechercher les réfractaires pour les incorporer immédiatement dans les bataillons de l'arrondissement ;

Procéder, en même temps, au maintien, sur le pied actif, des compagnies sédentaires pour assurer le service intérieur des postes, bastions et poternes.

Art. 2. — Les conseils de légion donneront aux bureaux militaires leur action pleine et entière pour l'exécution des mesures prises ou à prendre avec le concours du Comité Central de la Garde Nationale ;

Art. 3. — Les chefs de légion seuls sont chargés de l'exécution des ordres militaires émanant de la place pour le service intérieur et le service extérieur.

Art. 4. — Afin d'assurer l'exécution constante du présent décret et pour éviter tout conflit capable de l'entraver, les bureaux militaires, les conseils de légion, les chefs de légion adressent chacun et chaque jour, à la Commission de la guerre, 90, rue Saint-Dominique Saint-Germain, un rapport écrit et sommaire donnant le résumé de leurs opérations.

Art. 5. — Afin de ménager les forces de la Garde Nationale, les municipalités, d'accord avec la légion, établiront un état du nombre et de l'importance des postes à desservir dans leur arrondissement.

Fait à Paris, 26 avril 1871.

Le Délégué à la Guerre,

Cluseret.

Organisation des Légions de la Garde Nationale.

Le chef de la légion commandant en chef du service actif, est élu dans la légion conformément aux principes de la fédération.

Ce poste exige des connaissances militaires suffisantes pour vérifier et constater la valeur des chefs de bataillons et une influence capable de faire exécuter les ordres du Délégué à la Guerre. Le colonel doit surveiller et passer en revue les bataillons, les familiariser aux prises d'armes ; il doit s'assurer, en un mot, de la valeur militaire des divers bataillons de sa légion.

Etat-major de la Légion.

Considérant que l'organisation des bataillons de la Garde-Nationale nécessite, de la part de l'état-major de la légion, une aptitude spéciale,

ARRÊTE :

L'état-major de la légion, composé de :
Un chef d'état-major ;
Un major de place ;
Deux capitaines d'état-major ;
Et quatre adjudants,
Est nommé par le Délégué à la Guerre.

1º Le chef d'état-major chargé de l'administration restera au Dépôt. Cet officier plus spécialement chargé de l'administration, doit condenser, contrôler le mouvement de la légion. A lui appartient d'établir l'effectif et les réclamations d'effets d'habillements, d'équipement et d'armement, en un mot, la situation des bataillons qu'il doit préparer tous les jours pour le rapport de chaque matin, en présence du général délégué à la guerre et recevoir de lui les ordres pour la journée, c'est-à-dire dans les vingt-quatre heures de la présentation et communiquer ce résultat aux chefs de bataillon. Il est l'intermédiaire absolu entre le délégué à la guerre et la légion.

2º Un major de place chargé du service de place. Cet officier doit être spécialement en rapport immédiat avec l'état-major de la place. Il doit connaître le service du bataillon. En rapport quotidien avec les adjudants-majors, il doit leur communiquer le service de la journée, donner le mot d'ordre et être prêt à former immédiatement le nombre exact des hommes de la légion disponibles pour le service.

3º Deux capitaines d'état-major attachés, l'un au chef de

légion, l'autre au lieutenant-colonel. Ces deux officiers montés me paraissent indispensables. Ils assurent la prompte exécution des ordres donnés, exercent en même temps une surveillance active de jour et de nuit.

4° Un chirurgien principal remplissant les fonctions de médecin inspecteur.

5° Quatre adjudants chargés du service des bureaux. Ces sous-officiers, sous la direction des différents chefs de l'état-major de la légion, établissent par un travail préparatoire, surveillé et scrupuleusement contrôlé, la situation présentée chaque matin au rapport adressé au général délégué.

FONCTIONNEMENT

Pour saisir immédiatement le plan qui a servi à la formation de l'état régulier des bataillons il suffit de jeter un coup d'œil sur le tableau présenté chaque jour par les chefs de légion.

D'un côté, l'effectif des bataillons sédentaires, de l'autre l'effectif des bataillons de guerre. De cet ensemble facilement embrassé résulte une simplicité précieuse pour le commandement du service intérieur et extérieur.

Pour la simplification du travail et l'exactitude nécessaire, le chef de légion réunit les réclamations diverses des bataillons et présente le résultat, le matin, au rapport.

En vertu des pouvoirs à lui conférés, le colonel chargé de l'organisation met en jeu les moyens rapides qu'il a su trouver pour l'exécution immédiate des ordres correspondant aux besoins. Les facilités de transport fournies aux diverses administrations de Paris sur leurs demandes directes assurent au service une exactitude et une rapidité jusqu'alors inconnues.

Ce soin incombant à un seul, on évite ainsi les lenteurs trop connues de l'Intendance et on obtient pour résultat l'envoi à toute heure et dans chaque légion des objets d'habillement et de campement dont la demande est formulée et reconnue légitime chaque matin.

En résumé le travail s'effectue de la manière suivante, conformément aux imprimés distribués :

1º Chaque compagnie donne son effectif réel et l'exposé de ses besoins divers.

2º Chaque bataillon réunit les effectifs et les demandes des compagnies.

3º La légion fait, pour les bataillons, ce que fait le bataillon pour les compagnies : centralisation des effectifs et des réclamations.

Enfin, il est fait, chaque jour, une situation de légion comprenant l'ensemble des divisions et subdivisions de la Garde Nationale de Paris. Cet exposé général servant de guide, il est impossible que, si le service est bien fait, aucune réclamation, de quelque nature qu'elle soit, puisse s'élever. Dans tous les cas, satisfaction immédiate peut et doit être donnée.

L'artillerie dont l'organisation se complète de jour en jour, est également l'objet d'un rapport quotidien.

Il résulte de cet aperçu rapide de l'organisation nécessairement improvisée de la Garde Nationale de Paris que le général délégué peut posséder immédiatement la connaissance des ordres donnés *intra* et *extra muros* et pourvoir, de suite, à tout oubli ou réclamation légitime ; en un mot, au moyen de ce travail, aussi simple que complet, le général peut, et c'est le but de l'organisation, surveiller et contrôler les diverses opérations de la Garde Nationale.

Cette opération permet aux officiers de ronde de s'assurer de l'exactitude des effectifs mentionnés et supprimer ainsi simplement les abus auxquels a donné lieu trop souvent le service de la solde et des vivres.

Il est tenu également compte des bataillons en voie de formation dans les casernes.

Tout bataillon habillé, équipé et armé, non requis pour la place est immédiatement dirigé sur le Champ de Mars où il est exercé deux fois par jour et forme ainsi, avec les autres qui se trouvent dans le même cas, la réserve prête à tout événement et à la disposition du général délégué.

Les bataillons faisant actuellement le service des forts seront relevés ; leurs justes réclamations seront satisfaites et ils seront bientôt ainsi en état de reprendre les armes.

Il est indispensable que les municipalités, conseils de légion, chefs de légion, se pénètrent bien des instructions renfermées dans le rapport de la Commission de la Guerre et se conforment strictement aux instructions de l'arrêté qui l'a suivi.

Il faut, en outre, pour tout ce qui touche l'organisation de la Garde Nationale, apporter la plus grande sévérité dans le choix des agents.

Je demande de nouveau et avec instance, pour les motifs que j'ai déjà exprimés, l'équipement rapide des bataillons ; suppression des abus ; qu'il n'y ait qu'un seul magasin à Paris ; le magasin central. Toutes les demandes doivent arriver de la compagnie au chef de bataillon, du chef de bataillon au chef de légion. Ce dernier, par mon intermédiaire, reçoit du magasin, dans les vingt-quatre heures, tous les effets reconnus nécessaires. Il faut établir à cet égard, un contrôle sévère, afin qu'il ne puisse s'opérer aucun détournement. Pour cela suppression immédiate et absolue de toute espèce de dépôt dans les mairies, les casernes, les compagnies, les bataillons, les légions. Tous les effets actuellement dans les réserves ou magasins particuliers (et il paraît qu'il en existe en assez grande quantité) doivent être, sur le champ, envoyés au dépôt central. De cette façon, la commune pourra réaliser des économies notables et la commission militaire verra augmenter rapidement le nombre des bataillons habillés, équipés et armés. Ces bataillons dirigés sur le Champ de Mars formeront une réserve suffisant aux besoins les plus pressants.

Le Colonel chargé de l'organisation des Légions

MEYER.

Le Délégué à la Guerre,

Considérant que la mobilité dans les grades, détruit la discipline et l'organisation de la Garde Nationale.

ARRÊTE :

Tout officier régulièrement élu sera muni d'une commission délivrée par le chef de légion.

Cette commission portera qu'elle est délivrée sur le vu du procès-verbal d'élection.

Celles des capitaines et officiers supérieurs seront visées par le Délégué à la Guerre.

Toute personne qui portera ses insignes d'officier sans être munie de sa commission, sera immédiatement arrêtée et emprisonnée, quels que soient les grades qu'elle a pu obtenir antérieurement à l'élection ou autrement.

Paris, le 28 avril 1871.

Le Délégué à la Guerre,
G. CLUSERET.

IV

CAVALERIE, ARTILLERIE ET GÉNIE

Formation de dix escadrons. — Réorganisations de batteries de campagne. — Appels aux ingénieurs. — Ordres relatifs à la création de Compagnies de sapeurs. — Ignorance de certains chefs. — Roselly-Mollet réorganise les forts. — Le service de la solde.

La cavalerie s'organisait plus lentement faute de chevaux. Néanmoins, dix escadrons étaient en formation, dont trois étaient au complet, autant que je puis me rappeler. J'ai déjà dit un mot des difficultés que je rencontrais dans l'organisation de l'artillerie de campagne. Pas d'officiers et pas d'artilleurs. En vain, je mis la solde à 3 francs par jour pour les artilleurs de profession. Je ne pus arriver qu'à former deux batteries et encore quelles batteries? Sous l'empire de ces difficultés, je publiai l'ordre du jour suivant :

ORDRE

Il sera organisé des batteries d'artillerie de marche, formées de tous les artilleurs des différentes batteries, qui sont compris entre dix-neuf et quarante ans.

Les batteries ainsi formées seront provisoirement au nombre de vingt et porteront le numéro de leur arrondissement ; elles sont convoquées à l'Ecole militaire, bâtiment de l'artillerie, aux jours et heures ci-dessus indiquées :

1er et 2e arrondissement lundi 24 avril 7 heures du matin.
3e et 4e   —   —   8   —
5e et 6e   —   —   9   —
7e et 8e   —   —   10   —
9e et 10e   —   —   11   —
11e et 12e   —   —   midi
13e et 14e   —   —   1 h. après midi.
15e et 16e   —   —   2   —
17e et 18e   —   —   3 h. du soir.
19e et 20e   —   —   4   —

Chaque batterie aussitôt constitué procèdera, séance tenante, aux élections des officiers et des cadres dans les proportions suivantes.

1 Capitaine ;
1 Lieutenant ;
1 Sous-Lieutenant ;
1 Maréchal des Logis chef ;
1 Fourrier ;
4 Maréchaux des Logis
4 Brigadiers.

L'organisation de la batterie sera complétée par deux clairons qui seront choisis par le capitaine.

Les élections se feront sous le contrôle d'un délégué de la municipalité de l'arrondissement dans lequel se trouve située l'Ecole militaire.

L'organisation se fera sous la direction du chef d'état-major du ministère de la guerre avec le concours de membres du comité d'artillerie et d'officiers d'artillerie de l'Ecole militaire.

Les vingt batteries dont il est question seront formées exclusivement de canonniers servants.

Il sera procédé, le mardi, 25 avril, à l'organisation de cinq batteries de canonniers-conducteurs formées :

La 1re des canonniers conducteurs des 1er, 2e, 9e, 18e arrondissements ;

La 2e des cannonniers-conducteurs des 3e, 4e, 5e et 12e arrondissements ;

La 3e des canonniers-conducteurs des 6e, 13e, 14e et 15e arrondissements ;

La 4e des canonniers-conducteurs des 7e, 8e, 16e et 17e arrondissements ;

La 5e des canonniers-conducteurs des 10e, 11e, 19e et 20e arrondissements.

Elles se réuniront à l'Ecole militaire, bâtiment de l'artillerie, le mardi 25 avril, aux heures ci-dessous :

1re batterie, à 8 heures du matin ;
2e batterie, à 10 heures du matin ;
3e — à midi —
4e — à 2 heures du soir ;
5e — à 4 h. —

et procèderont, dès qu'elles seront organisées, à l'élection de leurs Chefs, dans les proportions ci-après :

1 Capitaine ;
1 Lieutenant ;
2 Sous-Lieutenants ;
1 Adjudant ;
1 Maréchal des Logis Chef ;
2 Brigadiers-fourriers ;
2 Élèves-fourriers ;
8 Maréchaux des logis ;
16 Brigadiers.

Les Commissions municipales des arrondissements, le Comité Central d'artillerie, les chefs de légion, le commandant de l'Ecole militaire et les officiers des batteries sont chargés, chacun en ce qui le concerne, de l'exécution du présent ordre.

Paris, le 22 avril 1871.

Délégué à la Guerre,

CLUSERET.

Malheureusement, je ne pouvais être au four et au moulin. Je chargeai Rossel de l'exécution. Il n'avait aucune influence personnelle et ne put enrôler une seule batterie.

Battu de ce côté, je me retournai vers le Comité Central d'artillerie qui prétendait avoir assez d'influence pour déterminer une notable portion des artilleurs à se mobiliser. Il me promit d'aviser et je fis paraître l'ordre du jour suivant :

ORDRE :

« Le Comité Central d'artillerie formera vingt batteries d'artillerie de campagne. Il s'entendra, pour l'organisation administrative avec le colonel Mayer, chargé de l'organisation des légions. Les nominations d'officiers seront soumises, par le Comité Central, à l'approbation du délégué à la Guerre.

Cette mesure est prise en vue de l'aptitude spéciale que requiert le service d'artillerie.

Je dois dire que le jour même où je fus arrêté, je touchais enfin au succès tant désiré. Le matin du 30 avril, le délégué me remit un premier état et j'avais pris rendez-vous pour deux heures avec la Commission quand la faiblesse de Mégy m'appela à Issy d'où je fus à Mazas.

Il ne faut pas perdre de vue qu'après tout, il n'y

avait que vingt-huit jours que j'étais au pouvoir; que, pendant ces vingt-huit jours, j'avais, sans compter les affaires courantes et la défense, organisé 41,500 hommes qui avaient absorbé la majeure partie de mon temps et que débarrassé actuellement de l'infanterie, je commençais à pouvoir concentrer toute mon activité sur l'artillerie de campagne. Il est certain que si je n'avais pas été arrêté, la Commune eût possédé, avant quinze jours, huit ou dix batteries de campagne et 100,000 hommes d'infanterie. Tout était en train et marchait régulièrement. J'avais, à Vincennes, environ 4,000 harnachements tout neufs. Les chevaux de la Compagnie des omnibus me fournissaient des attelages de premier ordre. Les pièces de 12 et les munitions abondaient. Il ne manquait que les hommes et les officiers. Les hommes commençaient à venir par le Comité Central.

Quant aux officiers, c'était le point faible; mais, eussè-je dû en acheter à l'étranger, je m'en serais procuré.

Je mis à la tête du génie Roselly-Mollet, ingénieur civil distingué, mais nullement militaire. Rossel ne le trouvait pas très capable, ce fut pourtant lui qui me le présenta. Je ne suis pas de son avis. — Roselly-Mollet a rendu de grands services. Du reste, pourquoi Rossel, dont c'était la spécialité, s'obstinait-il à ne lui donner aucun avis? Bien plus, pourquoi Rossel affectait-il de ne pas vouloir s'occuper de sa spécialité? Rossel n'a pas fait faire un seul ouvrage de défense, ne m'en a pas proposé un seul, n'en a critiqué aucun et ne m'a pas aidé une seule fois dans le choix de l'emplacement des batteries. Il était avec moi quand je fis élever les batteries du bord de l'eau, à Clichy, et ne me prêta aucun appui. La seule batterie qu'il allât visiter était celle du Trocadéro et elle ne nécessita aucun travail de terrassement.

Il préférait tripoter avec Gaillard père, ancien cordonnier, sur la valeur duquel il ne pouvait s'abuser, montrant, par cette liaison et celle de Vermesch, le but qu'il poursuivait : se faire un parti, à *lui Rossel*. Quant à la Commune, elle ne fut jamais qu'un prétexte à ses yeux, comme je m'en aperçus dans la suite.

Il existait, comme je l'ai dit, quelques compagnies du génie, mais, en réalité, sans aucune organisation spéciale. De plus, il n'y avait pas d'ingénieurs pour en tirer **parti**. L'ordre suivant amena bon nombre de jeunes ingénieurs.

« Les personnes qui désirent être employées dans le « service des fortifications, principalement les élèves des « écoles spéciales, sont invitées à se présenter au directeur « du service, 84, rue Saint-Dominique-Saint-Germain, de « trois à cinq heures de l'après-midi. »

Paris, le 7 avril 1871.

Le Délégué à la Guerre,
G. CLUSERET.

Pour permettre au directeur du génie de réorganiser, d'une manière uniforme, les troupes de cette arme, je publiai les ordres suivants :

« Les 3e, 4e, 7e et 8e compagnies du génie sont licenciées. Elles perdront droit à la solde et aux vivres à partir d'aujourd'hui, 18 avril. Le directeur du génie reformera immédiatement quatre compagnies du génie, qui entreront en solde aussitôt qu'il aura fait connaître, par un état nominatif envoyé au Ministère de la Guerre, qu'elles sont complètes. »

Paris, le 18 avril 1871.

Le Délégué à la Guerre,

CLUSERET.

« Les troupes du génie employées dans les forts
« jouiront de la solde d'artillerie. Elles sont exclusivement
« aux ordres du directeur du génie et des ingénieurs dans
« les forts.

« Tout refus du travail sera considéré comme refus
« de marcher à l'ennemi et déféré aux tribunaux mili-
« taires. »

Ministère de la Guerre.

DIRECTION DU GÉNIE

Par ordre du citoyen délégué au Ministère de la Guerre, il est formé, dans chacune des neuf sections de l'enceinte bastionnée, une compagnie de sapeurs du génie.

Ces neuf compagnies seront, jusqu'à nouvel ordre, casernées dans les postes-casernes de l'enceinte et sous les ordres des ingénieurs militaires commandant le service du génie dans les sections.

Chaque compagnie sera forte de cent vingt hommes et élira un cadre de sous-officiers composés de :

1 Sergent-major ;

1 Sergent-fourrier ;

8 Sergents ;

12 Caporaux.

Provisoirement les ingénieurs militaires attachés aux sections de l'enceinte bastionnée sont détachés dans ces compagnies pour remplir les fonctions d'officiers.

« Le directeur du génie Roselly-Mollet formera dix compagnies du génie avec les militaires isolés actuellement dans Paris.

« Ce corps sera formé à l'Ecole militaire et sera employé aux travaux de fortification. »

Paris, le 14 avril 1871.

Le Délégué à la Guerre,
Cluseret.

Cet ordre était une réponse à la demande ci-jointe adressée par la Commission Exécutive qui revenait à la charge, mais d'une manière détournée, sur l'emploi des isolés que j'avais refusé d'employer comme combattants dans les rangs de la Garde Nationale :

COMMUNE DE PARIS

Commission Exécutive

GÉNIE

RÉPUBLIQUE FRANÇAISE

Paris, le 8 avril 1871.

Le citoyen délégué au Ministère de la Guerre est prié de considérer s'il ne serait pas urgent de convoquer, par affiches, les soldats en subsistance et les citoyens de bonne volonté pour travailler aux fortifications intérieures dont la construction a été décidée.

Il serait bon d'indiquer le chiffre de l'indemnité à allouer et de dire si les vivres seront donnés en outre.

Les Membres de la Commission Exécutive :

Felix Pyat ; Ch. Delescluze ; E. Vaillant; F. Cournet.

Il existait un autre abus : celui de puiser *ad libitum* dans le magasin du génie. Je mis fin à ce gaspillage par l'ordre suivant :

ORDRE :

Il est absolument interdit de prendre quoi que ce soit par voie de réquisition ou autre, dans les magasins du génie, sans un ordre émané de la direction du génie.

Paris, le 21 avril 1871.

Le Délégué à la Guerre,
CLUSERET.

On remarquera que j'évitais avec soin d'employer comme combattants les hommes ayant appartenu ou appartenant encore à l'armée. Ce qui, par parenthèse, n'était pas facile à discerner, attendu que la police n'existait pas. Il y avait sur le pavé de Paris une grande quantité de vagabonds habillés en militaires. D'où venaient-ils ? Qui étaient-ils ? Nul n'en savait rien et tout était supposable. Ces hommes mal tenus, échappant à tout contrôle, grommelant sans cesse, comme le fait invariablement tout soldat qui n'est pas tenu, constituaient un danger pour l'ordre public. Les enrôler comme combattants était mauvais à tous les points de vue. Ils ne se seraient pas mieux battus pour la Commune que contre elle. De plus, c'était leur assigner un poste par trop dangereux. Par l'ordre cité plus haut, j'en débarrasssai la voie publique sans les mettre dans une fausse position.

En somme, le 30 avril, les compagnies du génie étaient formées et en pleine activité travaillant aux remparts et aux portes. Mais les hommes spéciaux manquaient à ce point que je ne pus jamais obtenir un travail de mine sérieux. On a épouvanté la population par des histoires de mines etc., etc ; les malheureux n'auraient pas été capables de faire sauter une simple maison.

Lorsque Mégy abandonna le fort d'Issy, il y avait dans le fort deux compagnies du génie. Veut-on savoir jusqu'où allait leur capacité en fait de mine ? Mégy avait, soi-disant, donné l'ordre de faire sauter le fort ; mais, plus pressé de s'enfuir que d'en surveiller l'exécution, il laissa un petit bonhomme de 17 ans, nommé Dufour, avec un baril de poudre sur une brouette, le tout sous la voûte d'entrée, et c'est tout ce que je trouvai dans le fort. Il ne se trouva personne dans les troupes du génie à Issy pour représenter à Mégy qu'on ne faisait pas sauter un fort avec un baril de poudre et une brouette. Ceci offre, en outre, un spécimen exact de ma situation vis-à-vis de chaque branche de service.

Partout même ignorance ; en sorte que, responsable de tout, j'étais obligé de veiller sur tout dans les moindres détails. Je devais remplir toutes les fonctions, depuis celle de caporal jusqu'à celle de Ministre de la Guerre. Ceci me remet en mémoire une anecdote curieuse. Avrial, qui, du reste, était une bonne et loyale nature, m'accusa dans la Commune, de ne pas charger mes obus avec de la dynamite [1]. C'est probablement pour ce fait que Rossel, qui se connaissait en aptitudes, le nomma, après mon arrestation, directeur général de l'artillerie ! Ce serait bien drôle si ce n'était si triste. Je regrette d'avoir oublié à Genève de demander à Avrial

---

[1] Pour toute réponse, je priai le président d'interdire au sténographe la reproduction de cette interpellation, dans l'intérêt de la dignité communale.

pourquoi, alors qu'il était maître, il n'avait pas fait ce qu'il me reprochait d'avoir omis.

Au surplus, l'immortel Thiers était de même force qu'Avrial en pyrotechnie. N'a-t-il pas fait faire en sa présence à Calais des expériences de tir à la dynamite ? Naturellement les pièces ont éclaté ou ont été détériorées. Mais l'argent du peuple coûte si peu qu'on peut bien se permettre semblables âneries. Je pensais, moi, tout autrement.

La dynamite pousse et ne chasse pas ; elle fait éclater et ne projette pas.

Roselly parvint à mettre de l'ordre tant dans le matériel du génie que dans celui de l'artillerie. Dans chaque secteur, comme dans chaque fort, il organisa un personnel intelligent, plus administratif qu'actif, je le reconnais, mais qui me rendit de grands services en prenant charge des poudrières et de tout le matériel. C'est par ce personnel que je pus arriver à dresser un état à peu près régulier des ressources dont je disposais.

Je ris tristement quand je pense à la comédie jouée par les Commissions vis-à-vis de la Commune. Celle-ci voulait tout savoir et moi je ne voulais rien dire. Dans les premiers temps parce que je ne savais pas assez ; dans les derniers, parce que dire quelque chose à la Commune, c'était le dire à Versailles. Reproches et suspicions de la Commune qui s'adressait à ses Commissions, lesquelles, avec la suffisance et l'aplomb qui caractérisent ces sortes d'institutions, fournissaient des états. Oh ! les bons états, qu'avait là la Commune !

Le service de la solde fut réglé par les ordonnances et avis suivants :

Ministère des Finances.

SOLDE DE LA GARDE NATIONALE.

Les Délégués aux Finances, Membres de la Commune de Paris.

ARRÊTENT :

1° Les officiers payeurs élus dans chaque bataillon, afin d'établir régulièrement leur situation, devront présenter, dans le plus bref délai, le procès-verbal de leur élection visé par le chef de bataillon et par le chef de légion ou, à défaut de ce dernier, par le délégué communal à la mairie de l'arrondissement.

2° Des imprimés spéciaux seront remis aux officiers payeurs dans les bureaux de la délégation des Finances, pour établir l'état nominatif des gardes nationaux de chaque compagnie recevant l'indemnité de 1 fr. 50, à la date du 2 avril, avec le nom des femmes touchant le subside de 75 centimes.

Cet état dressé par les soins du sergent-major sera visé par le capitaine et deux membres du Conseil de famille ou, à défaut de ces derniers, par le délégué de compagnie.

3° Les appointements dus aux tambours et clairons et aux adjudants-majors pour le mois de mars seront soldés pour la dernière moitié du mois (la délégation des Finances ne peut pas s'engager à payer les arriérés de solde antérieurs au 18 mars).

4° A dater de ce mois, les tambours et clairons toucheront 2 fr. 50 par jour, plus le subside de 75 centimes pour leurs femmes. En conséquence leurs appointements mensuels sont supprimés.

5° La solde journalière des payeurs est fixé comme suit à partir du 2 avril :

Officiers payeurs de bataillon . , ... 5 francs.
Sergents-majors . . . . 3 francs.

6° Les frais de bureaux mensuels alloués à raison de

cent francs par bataillon et 10 francs par compagnie seront payés au Ministère des Finances pour ce qui est du mois de mars, sur état, dont le modèle sera fourni aux officiers-payeurs.

Les paiements arriérés pour frais antérieurs au mois de mars sont réservés momentanément.

7º Les trois délégués de compagnie au cercle de bataillon choisiront un délégué spécial par compagnie pour former, sous la présidence du chef de bataillon, un conseil d'enquête chargé de vérifier et contrôler tout ce qui se rapporte à la question d'indemnité (gardes, femmes, tambours, etc.) et aussi toute somme payée, à quel titre que ce soit, depuis le 18 mars.

Il importe, sous la République, que le contrôle soit opéré par tous, au profit de tous et la délégation des Finances, en confiant ce mandat aux élus des gardes, croit pouvoir compter sur leur justice et leur intégrité pour sauvegarder les intérêts généraux du peuple.

Le 6 avril 1871,

Les délégués aux Finances, Membres de la Commune.

F. Jourde; E. Varlin.

Solde de la Garde Nationale.

La délégation des finances et la délégation de la guerre,

ARRÊTENT :

1º La solde des officiers de la Garde Nationale appelée à un service actif en dehors de l'enceinte fortifiée est fixée ainsi qu'il suit :

Général en chef	16 fr. 65 par jour	— 500 fr. par mois.
Général en second	15 —	— 450 —
Colonel	12 —	— 360 —
Commandant	10 —	— 300 —

Capitaine, chirurgien-major, adjudant-major : 7 fr. 50 par jour, 225 fr. par mois.

Lieutenant, aide-major 5 fr. 50 par jour, 165 fr. par mois.

Sous lieutenant 5 fr. par jour, 150 fr. par mois.

2o Dans l'intérieur de Paris et tant que durera la situation actuelle, la solde des officiers de la Garde Nationale, pour ceux qui auront besoin de cette solde, est fixée à 2 fr. 50 par jour, pour les sous-lieutenants, lieutenants et capitaines, et à 5 fr. pour les commandants et adjudants-majors.

Paris, le 12 avril 1871.

Les délégués des Finances, Membres de la Commune :

F. Jourde ; E. Varlin.

Le délégué à la Guerre :

G. Cluseret.

Paris, le 12 avril 1871.

Des réclamations de plus en plus nombreuses me parviennent de la part d'officiers supérieurs et autres employés à l'organisation des compagnies de guerre.

Le Ministre de la Guerre leur rappelle qu'il n'y a que deux sortes de solde ; la solde de la garde sédentaire et celle de la garde active. La première est de 1 fr. 50 ; 2 fr. et 2 fr. 50 pour les gardes sous-officiers et officiers indistinctement. La seconde, qui sera fixée demain, n'est due qu'en dehors des fortifications.

Il est incontestable que ces soldes sont insuffisantes et constituent un sacrifice de la part de ceux qui les acceptent pour vivre ; mais nous sommes dans une période de sacrifices et nous sommes des hommes de sacrifices.

Du reste, aussitôt la victoire assurée chacun reprendra son métier. Il ne sera plus question de **grade** ni de **paye**.

Ce n'est donc qu'un moment à passer et un sacrifice à faire au triomphe de notre indépendance.

Le Délégué à la Guerre,
CLUSERET.

Il existait de graves abus dans cette partie du service. Le Trésor était indignement volé par suite de l'institution vicieuse de l'intendance qui, voulant tout embrasser, n'étreignait rien. L'intendance avait la surveillance nominale des services de la solde, mais en réalité, n'exerçait aucune surveillance effective, en sorte que les officiers payeurs faisaient ce qu'ils voulaient. La veille de mon arrestation, j'avais supprimé l'intendance générale et appliqué à l'administration le principe de la division du travail en rendant chaque service indépendant et reliant le tout par une Commission de contrôle. Je reviendrai sur ce sujet.

V

SERVICE MÉDICAL ET INTENDANCE

Ordre relatif à la création d'un service médical. — L'administration sous la Commune. — Organisation du service des vivres de campagne. — Approvisionnement du marché de la Villette. — Réorganisation de l'intendance. — Le système français et le système américain.

Le service médical n'existait pas même à l'état rudimentaire quand j'arrivai au Ministère. Il était complètement organisé quand je fus arrêté, le 30 avril. Chaque légion, chaque bataillon avait son personnel médical au complet. Tous n'étaient pas des Larrey, des Dupuytren à coup sûr, mais sur la quantité, il y avait assez de médecins capables pour assurer le pansement des blessés sur le champ de bataille. Les ordres suivants servirent de base à l'organisation de ce service.

Ministère de la Guerre.

SERVICE MÉDICAL

ORDRE

Le service médical de la Garde Nationale est constitué ainsi qu'il suit :

Un chirurgien en chef de la Garde Nationale ayant rang d'inspecteur ;

Un chirurgien principal et un aide-major à l'état-major de la place ;

Un chirurgien principal par légion ;

Un chirurgien-major, un aide-major et un sous-aide par bataillon.

Le chirurgien-major et le sous-aide marchent avec les Compagnies de guerre ; l'aide-major seul reste avec les Compagnies sédentaires.

Les docteurs en médecine, les officiers de santé, et les étudiants qui désireront être nommés aux grades vacants de chirurgiens, d'aides et de sous-aides, sont invités à se présenter, le plus tôt possible, à partir de lundi, 17 avril, de neuf heures à midi, au Ministère de la Guerre, bureau du service médical, 86, rue Saint-Dominique-Saint-Germain.

Seront maintenus dans leurs fonctions, les chirurgiens et aides-majors en exercice dans chaque bataillon, mais ils auront à justifier du diplôme de docteur en médecine.

En exécution de l'art. 3, du décret du 14 avril, ainsi conçu : « Si le nombre des docteurs et élèves volontaire n'était pas suffisant, on requerrait ceux qui rentrent dans la classe des hommes de vingt à quarante ans » il sera pourvu aux emplois qui resteraient vacants.

Ne seront pas assujettis aux dispositions de ce décret, les chirurgiens, médecins, internes et externes des hôpitaux, nommés aux concours et actuellement en exercice.

Paris, 16 avril 1871.

La solde des blessés dans les hôpitaux sera payée à leurs femmes jusqu'à concurrence de 1 franc.

La solde des hommes aux hôpitaux est réduite à 50 centimes.

Paris, le 18 avril 1871.

Le Délégué à la Guerre.

G. CLUSERET.

Approuvé :

La Commission Exécutive.

COURNET ; CH. DELESCLUZE ; G. TRIDON ; FÉLIX PYAT; AVRIAL ; VERMOREL ; VAILLANT.

L'administration est, de toutes les branches de service, la plus importante. Pas de pain, pas d'habillements, pas d'équipements : pas de soldats. Celui qui amène sur le champ de bataille les soldats les mieux armés, les mieux vêtus, les mieux nourris, c'est-à-dire les mieux administrés, à nombre égal, a, par ce seul fait, trois chances sur cinq en sa faveur. Il peut même lutter avec avantage contre des effectifs trois fois supérieurs. Néanmoins, jamais l'intendance française ne tomba si bas que dans la dernière guerre, *regnante* Gambetta.

Cet avocat borgne, et général aveugle, décréta mais n'organisa rien.

Quand je pris le Ministère de la Guerre, les frères M étaient en possession de l'intendance générale qu'ils menaient à grandes guides d'après les anciens errements et même avec plus de succès que leurs prédécesseurs. Ils déployaient une grande activité et avaient organisé le service de *campagne* très convenablement. Ceux qui ont prétendu que les troupes manquaient de vivres en ont menti. Je me suis assuré personnellement que partout où il y avait des postes réguliers la sous-intendance la plus voisine avait constamment en magasin un nombre de rations triple et quadruple de l'effectif normal des troupes. Si, quelquefois, des détachements ont jeûné, ce que je ne crois pas, ce fait n'a pu se produire que par l'absence, la nonchalance ou l'ineptie du commandant. Il est vrai que ceux-ci, comme M. Verlet, trouvaient plus commode de rejeter la faute sur la direction centrale que de s'occuper de leurs hommes. Dix lignes de calomnie dans un journal sont plus faciles à écrire, coûtent moins et rapportent plus que de se donner la peine de se déranger pour s'informer de l'Intendance. On a l'air de se donner beaucoup de mal pour ses hommes et, en réalité, on ne s'occupe que de sa pauvre petite popularité aux dépens de la discipline, c'est-à-dire du succès de tous. M. Verlet et ceux qui l'ont imité, ont rendu de grands services à Versailles et je ne sais pourquoi ils fuient sa reconnaissance. — En revanche je ne sais pas pourquoi le peuple ne leur témoigne pas la sienne.

Quand l'administration a mis, dans des dépôts connus, et à portée des troupes, ce qui leur est nécessaire, sa mission est terminée et sa responsabilité à couvert. Si les chefs de troupes ne pourvoient pas leurs troupes, c'est à eux et à eux seuls qu'incombe la responsabilité directe et effective vis-à-vis des intéressés, *les soldats*.

Mais je n'ai parlé que des vivres de campagne et non des vivres frais. La viande manquait absolument. Les frères M, malgré toutes leurs promesses et déclarations ne pouvaient faire venir un bœuf sur le marché de la Villette. Il en était de même de la Commission des subsistances qui, à l'entendre, passait des marchés considérables, mais en réalité, n'amenait rien, absolument rien sur le marché! Je pris l'affaire en mains et envoyai un agent traiter directement à l'extérieur.

Cet agent, que je ne nomme pas à présent, et chacun comprendra pourquoi, n'avait d'autres rapports avec moi que ceux de justification des fournitures de viande et de vin, comme prix et qualité. Il ne devait pas dépasser un maximum fixé au prix minimum que payait le commerce en gros. Ainsi, pour la viande de première qualité, c'était vingt et vingt-un sous, autant que je peux me rappeler.

En dehors de cette jusfication vis-à-vis du Ministre de la Guerre, il n'avait affaire qu'au Trésor dont il était l'agent et non le mien.

Voici comme il opérait. Le Trésor lui donnait cent mille francs. Quand il avait justifié de l'emploi de ces cent mille francs par les factures acquittées et approuvées, le Trésor lui donnait cent autre mille francs et ainsi de suite.

Ses comptes ont toujours été en parfait état. Ce mode d'opérer me fut imposé *ex necessitate rerum*. Le commerce n'avait pas une foi robuste dans la Commune et ne voulait pas lui faire crédit. On avait à dessein répandu le bruit que la Commune prenait, mais ne payait pas et que tout ce que les marchands de bœufs amèneraient sur le marché de la Villette serait réquisitionné, mais non payé. Naturellement, il ne venait rien. Pour vaincre ces appréhensions bien naturelles je dus faire acheter et payer comptant sur place, avec condition toute spéciale d'amener la marchandise sur le marché, comme étant à vendre. Personne n'étant dans le secret que mon agent, tout le monde crut que le marché était approvisionné *bona fide*, ce qui n'était pas au début, mais le devint bientôt par la confiance, résultat de l'honnêteté des transactions.

Pour accomplir semblable mission il fallait un honnête homme et un homme capable ; je crois l'avoir trouvé ! Jourdes, qui est bon comptable, ne s'en plaignit jamais.

Le premier mai, le lendemain du jour où je fus arrêté, cet agent fut pris, comme la plupart des gens paisibles dans Paris, d'une grande frayeur, et après avoir remis compte et argent *à Rossel*, quitta la ville. Il remit 76,000 francs en argent et 24,000 francs en factures acquittées.

La personne qui portait l'argent est encore en vie.

Comme j'étais en quelque sorte moralement responsable de cet agent, puisque je l'avais choisi, je m'enquis, pendant mon arrestation, à la Guerre, à la Commission exécutive et aux Finances, de l'état de sa caisse. Elle était en règle et ce qui le prouve, c'est que Jourdes, l'un de mes accusateurs, n'eût pas manqué de faire valoir la moindre irrégularité, s'il en eût existé, faisant sonner bien haut que j'avais fait un choix détestable.

A partir de ce moment, le marché de la Villette fut toujours approvisionné. Auparavant, les bœufs ne dépassaient pas Pantin. Ce fut le premier succès commercial de la Commune.

Je m'en servis pour porter le premier coup à l'Intendance militaire, système que j'avais étudié à fond depuis longtemps et dont j'avais été à même de constater les vices radicaux à chaque nouvelle campagne.

Je lui retirai le service de l'approvisionnement, que j'organisai comme je viens de le dire, ainsi que celui de la manutention auquel j'adjoignis celui des vivres de campagne et la distribution.

Chacun des services, d'après mon système, fonctionnait d'une manière indépendante et tout était contrôlé, au point de vue de l'action, par le commandant en chef, à celui des finances, par une commission de contrôle instituée par le Trésor lui-même.

Je laissais au ministère des finances le soin de contrôler l'emploi des fonds qu'il fournissait et me réservais ainsi ma pleine liberté d'action au point de vue militaire. Quant aux parties prenantes, en contact direct avec les agents-distributeurs de chaque branche de service, elles ne pouvaient manquer ayant constamment sous la main ce distributeur responsable qui, étant le seul intermédiaire entre le consommateur et le magasin fournisseur, avait toute facilité pour agir efficacement et promptement. J'arrivai, par ce moyen, à une rapidité incroyable d'exécution et une simplicité non moins grande de contrôle. Malheureusement, la Garde Nationale était un véritable tonneau de Danaïdes où les effets ne faisaient que passer pour aller au Temple. En vain, j'insistai auprès de Rigault pour faire rentrer à la Commune les effets militaires qui étaient sa propriété. Rigault avait bien autre chose à faire. Il était bien plus important de terroriser, le jour, et de s'amuser, la nuit.

Malgré un certain gaspillage, que je constate et que

j'aurais fait disparaître en peu de temps, mes services constitués chacun d'une manière indépendante fonctionnaient parfaitement. Cette transformation s'était faite sans rien dire ; ni Rossel, ni M... n'y avaient rien vu, ni rien compris. Le premier n'étant pas administrateur, cela n'a rien de surprenant ; mais M... l'était et il ne ne s'aperçut pas que, le 28 avril, quand je publiais le décret suivant, il n'était déjà plus intendant général ; les services, qu'ils croyaient diriger, fonctionnaient sans lui. La direction était dans mon cabinet et l'exécution partout.

Voici le décret relatif à l'Intendance :

L'Intendance générale est supprimée à partir du 1er mai.
Elle sera remplacée par :
Un payeur général pour le service de la solde ;
Un directeur de la manutention pour le service des vivres ;
Un directeur de l'habillement ;
Un directeur du campement ;
Un directeur des lits militaires ;
Un directeur des hôpitaux ;
Un directeur des approvisionnements ;
Un inspecteur général veillera à la prompte exécution des ordres.
Une Commission de contrôle (nommée par le ministre des finances) vérifiera tous les comptes.

Paris, le 28 avril 1871.

Le Délégué à la Guerre.
G. CLUSERET.

Le 30 au matin, un arrêté complémentaire désignant les chefs de service qui n'étaient autres que les directeurs en exercice, fut envoyé à l'imprimerie. Naturellement, mon arrestation l'empêcha de paraître. Ce fut une grande faute surtout au point de vue de l'avenir administratif militaire de la France. On avait une occasion de rompre avec la routine administrative centralitrice de l'intendance et, quels que fussent la haine et le profond dédain dont faisaient profession les Versaillais pour tout ce qui venait de la Commune, le fait se serait imposé, ne fût-ce que par le souvenir et le dénigrement. J'ajoute que j'avais amené les choses progressivement et qu'au moment où, par un décret, je supprimai l'intendance, l'administration fonctionnait déjà sans elle. Or qu'on retienne bien ceci : jamais avec le système actuel français on ne parviendra à faire mouvoir une armée. Fût-on vingt fois victorieux, la victoire sera stérile, car l'armée ne pourra la poursuivre. Cela s'est vu dans la campagne d'Italie et, surtout, dans celle de France ; cela se verra toujours.

Et c'est logique. Le principe français est un, en tout, la centralisation perfectionnée, c'est-à-dire : rayonnement du centre à la circonférence. Centre, quartier général distributeur, circonférence, parties prenantes ou soldats.

Or, que se passe-t-il ?

Le centre, en admettant — ce qui arrive très rarement — sa capacité administrative, parvient à réunir l'objet de consommation. Il l'emmagasine et le distribue. Là est l'écueil. — Du centre à la circonférence la répartition se fait au moyen d'agents multiples, tous fonctionnaires payés à tant par mois. Que la denrée arrive ou n'arrive pas, nul intérêt personnel à ce qu'elle arrive ; aussi, n'arrive-t-elle pas, si ce n'est tard ou détériorée. La France nous expédia en Crimée des dons nationaux en quantité très suffisante pour que chacun en eût sa part. Or, veut-on savoir ce qui en advint ? — Nous reçumes des pantoufles en tapisserie destinées aux hôpitaux et ceux-là eurent les bottes qui nous revenaient. Naturellement les malades ne purent pas plus en faire usage que nous des pantoufles dans la tranchée. Je distribuai à ma compagnie deux ou trois mouchoirs pleins de tabac, des chaussettes dépareillées et deux ou trois autres objets ridicules. Quant aux vivres et liquides rien. Cela ne dépassait pas les états-majors. Evidemment la France n'avait pas emprunté aux Invalides leurs mouchoirs sales pour nous les envoyer et elle entendait bien que ses dons fussent consommés par ses soldats. Malheureusement elle confia la répartition à l'intendance qui centralisa tout au quartier-général. Là, on se gorgeait et regorgeait, mais à la circonférence on jeûnait. Il y avait trop de fissures, entre le centre et la circonférence. Il en est de même pour toute distribution ; à chaque échelon hiérarchique, un prélèvement ; aussi quand on arrive au dernier, le soldat, reste-t-il peu ou rien. Même à l'avant-dernier, celui de la compagnie, ne voit-on pas le fourrier faire, comme on dit, son *fourbi*?

Et j'ai passé sous silence le grand inconvénient administratif et tactique des transports centralisés.

Tout autre est le système américain sorti triomphant de la terrible épreuve : approvisionner 2 millions de combattants pendant 4 ans sur un échiquier plus vaste que l'Europe entière.

Le système américain part du principe opposé à celui de la France. Il est décentralisateur et converge de la circonférence au centre. A la circonférence, où se trouve le consommateur est placé l'approvisionnement et la distribution. Au centre le contrôle et la direction. L'approvisionnement et la distribution se font commercialement et non militairement. Le commissaire est un Monsieur qui a fourni un cautionnement et accepté un cahier des charges ; il doit fournir telle quantité, telle qualité, à tel prix maximum. Les voies et moyens lui appartiennent comme aussi les bénéfices s'il en peut faire. Mais il est tenu de résider avec la troupe et est soumis à la discipline militaire ; il est responsable vis-à-vis du consommateur, qui n'est pas tendre s'il vient à jeûner, vis-à-vis du commandement pour l'exécution de ses ordres et vis-à-vis de l'Etat pour celle du cahier des charges. Eh ! bien, avec ce système et des déplacements dont on n'a aucune idée, en Europe, nous n'avons jamais manqué de rien. J'entends le soldat, car nous, les généraux, avons souvent été plus maltraités que le soldat.

Comment expliquer et faire comprendre ces choses à des gens pleins de bonne volonté, je le crois, mais totalement inexpérimentés ? Je n'en eus ni le temps ni le moyen. Aussi la Commune ne comprit-elle pas et mes successeurs encore moins. Varlin succéda à M. et le Comité Central à Varlin. Rossel n'y comprenant rien et, d'ailleurs, empêché par ses visées ambitieuses, n'empêcha rien, si ce n'est mon ordre d'être exécuté. Quant à Delescluze, dont le cerveau étroit avait déjà tant de peine à contenir le Moniteur de 92, il n'avait plus de place pour s'occuper d'administration. Et voilà comment les choses allèrent de mal en pis.

VI

LA DISCIPLINE

L'anarchie en haut et en bas. — Pas de victoire sans discipline.
— L'obéissance au devoir. — Création d'un Conseil de guerre
par légion. — Organisation de la Cour martiale. — Arrêté
réglant la procédure. — Appel aux licenciés en droit. — Condamnation à mort du commandant Girod. — Intervention de
la Commission exécutive. — Délibération de la Commune. —
Manque d'énergie de la Commune. — Rossel veut démissionner.
— Proposition d'une dictature. — Nouvelle Cour martiale.

Après l'administration, ce qu'il y a de plus important dans une organisation militaire, c'est la discipline. J'ai vu bien des organisations et beaucoup d'insurrections dans ma vie. Jamais je n'ai vu rien de comparable à l'anarchie de la Garde Nationale en 1871. C'était l'idéal du genre et Proudhon a dû être satisfait des fruits que l'arbre planté par lui en 48 portait en 71.

L'exemple, venant d'en haut, ne pouvait manquer d'être suivi en bas. Et du moment que le Comité Central et la Commune croyaient pouvoir me faire contrôler par un Ferrat, un Laccord et un Arnold, un bibassier, un cuisinier et un architecte ; du moment que la Commune poussait l'aberration mentale jusqu'à confier à Delescluze, un journaliste, le commandement suprême de ses forces, en vertu de ce principe transcendant de la supériorité du civil sur le militaire, il était tout naturel que chaque garde national controlât son capitaine, son commandant ou son chef de légion. De là ce gâchis infernal qui perdit la Commune en rendant la défense impossible à mes successeurs.

Je dis eux et non moi, car, en dehors de la Commune, j'aurais toujours conservé assez d'autorité personnelle pour faire le nécessaire.

De ce qui précède il ne faudrait pas conclure que je suis opposé aux ministres de la guerre civils, tout au contraire.

Les seuls Ministres de la Guerre qui aient laissé dans l'histoire la trace lumineuse de leur génie administratif sont deux civils, Carnot en France et Stanton en Amérique. Mais autre chose est d'opérer purement comme administrateur et pourvoyeur, autre chose de commander aux hommes et diriger les opérations, surtout dans des circonstances aussi terriblement exceptionnelles que celles où nous étions placés : discerner le possible de l'impossible, se contenter du premier et l'assurer.

Ayant une foi absolue dans la discipline, je résolus de l'établir, coûte que coûte. Je dois dire que, personnellement, je fus toujours obéi, mais, dans une aussi vaste machine, qu'est l'action personnelle ?

Ce qu'il fallait fonder c'était l'obéissance au *devoir*. Cette obéissance qui fait qu'on meurt par ordre et pour les autres. Et, pour l'établir, je devais prouver à chacun que la désobéissance était plus dangereuse que l'accomplissement du devoir. Une fois le pli pris, et sous l'empire de la crainte pour commencer, les moyens moraux eussent suffi pour maintenir la discipline. Dans ce but, je fis rendre par la Commune le décret suivant :

La Commune de Paris,

Considérant que le gouvernement de Versailles se vante ouvertement d'avoir introduit dans les bataillons de la Garde Nationale des agents qui cherchent à y jeter le désordre ;

Considérant que les ennemis de la République et de la Commune cherchent par tous les moyens possibles à produire, dans ces bataillons, l'indiscipline, espérant désarmer ainsi ceux qu'ils ne peuvent vaincre par les armes ;

Considérant qu'il ne peut y avoir de force militaire sans ordre et qu'il est nécessaire, en face de la gravité des circonstances, d'établir une rigoureuse discipline, qui donne à la Garde Nationale la fermeté qui la rende invincible ;

DÉCRÈTE :

ART. 1er. — Il sera immédiatement institué un Conseil de guerre dans chaque légion ;

ART. 2. — Ces Conseils de guerre seront composés de sept membres, savoir :

Un officier supérieur président,

Deux officiers ;

Deux sous-officiers et deux gardes ;

ART. 3. — Il y aura un Conseil disciplinaire par bataillon.

ART. 4. — Les Conseils disciplinaires seront composés d'autant de membres qu'il y aura de compagnies dans le bataillon, à raison d'un membre par compagnie sans distinction de grade.

Ils seront nommés à l'élection et toujours révocables par la Commission exécutive, sur la proposition du délégué à la Guerre.

Art. 5. — Les membres des Conseils de guerre seront élus par les délégués des compagnies.

Art. 6. — Seront justiciables des Conseils de guerre et disciplinaires les gardes nationaux de la légion et du bataillon.

Art. 7. — Le Conseil de guerre prononcera toutes les peines *en usage*.

Art. 8. — Aucune condamnation afflictive ou infamante, prononcée par les Conseils de guerre, ne pourra être exécutée sans qu'elle ait été soumise à la ratification d'une Cour de révision spécialement créée à cet effet.

Cette Commission de révision se composera de sept membres tirés au sort parmi les membres élus des Conseils de guerre de la Garde Nationale avant leur entrée en fonctions.

Art. 9. — Le Conseil disciplinaire pourra prononcer la prison depuis un jour jusqu'à trente.

Art. 10. — Tout officier peut infliger de un à cinq jours d'emprisonnement à tout subordonné, mais il sera tenu de justifier immédiatement devant le Conseil disciplinaire des motifs de la punition prononcée.

Art. 11. — Il sera tenu, dans chaque bataillon et légion, un état des punitions infligées dans les vingt-quatre heures, lequel sera envoyé chaque matin, au rapport de la place.

Art. 12. — Aucune condamnation capitale ne recevra son exécution avant que la grosse du jugement ou de l'arêt n'ait été visée par la Commission exécutive.

Art. 13. — Les dispositions du présent décret ne seront en vigueur que pendant la durée de la guerre.

Paris, 14 avril 1871.

D'une part il fallait un certain temps pour organiser ces différents Conseils. D'autre part, ils ne pouvaient atteindre que les grades inférieurs et c'est par en haut, jamais par en bas, que la discipline s'établit. En conséquence je pris l'arrêté suivant :

En présence de l'impossibilité de traduire devant les Conseils de guerre de légion qui n'existent pas encore, les cas exceptionnels qui exigent une répression immédiate, le délégué à la Guerre est autorisé à former provisoirement une Cour martiale composée des membres ci-après :

Le colonel Rossel, chef d'état-major de la Guerre ;
Le colonel Henry, chef d'état-major de la Place ;
Le colonel Razoua, commandant de l'Ecole Militaire ;
Le lieutenant-colonel Collet, sous-chef d'état-major du commandant supérieur Eudes.
Le colonel Chardon, commandant militaire de la préfecture de Police ;
Le lieutenant Boursier, membre du Comité Central.
Les peines capitales seront soumises à la sanction de la Commission exécutive.
La Cour siègera tous les jours, à l'Hôtel des Conseils de guerre, rue du Cherche-Midi.

Paris, le 16 avril 1871.

Le Délégué à la Guerre.
CLUSERET.

Approuvé :

Les Membres de la Commission Exécutive :

AVRIAL ; F. COURNET ; CH. DELESCLUZE ; FÉLIX PYAT ; G. TRIDON ; A. VERMOREL ; E. VAILLANT.

———

La Cour martiale, sous la présidence de Rossel, entra immédiatement en fonctions et publia l'arrêté suivant concernant la procédure :

COUR MARTIALE

N° 1. Arrêté réglant la procédure et les peines.

Titre I. — De la procédure devant la Cour martiale.

Art. 1ᵉʳ. — La police judiciaire martiale est exercée par tous les magistrats, officiers ou délégués, procédant de l'élection, dans l'exercice des fonctions que leur assigne leur mandat.

Art. 2. — Les officiers de police judiciaire reçoivent, en cette qualité, les dénonciations et les plaintes qui leur sont adressées. Ils rédigent les procès-verbaux nécessaires pour constater le corps du délit et l'état des lieux. Ils reçoivent les déclarations des personnes présentes ou qui auraient des renseignements à donner.

Ils se saisissent des armes, effets, papiers et pièces, tant à charge qu'à décharge et, en général, de tout ce qui peut servir à la manifestation de la vérité.

Art. 3. — Ils sont autorisés à faire saisir les inculpés, les font conduire immédiatement à la prison du Cherche-Midi et dressent procès-verbal de l'arrestation, en y consignant les noms, qualités et signalement des inculpés.

Art. 4. — Les officiers de police judiciaire martiale ne peuvent s'introduire dans une maison particulière, si ce n'est avec l'assistance du juge de paix ou de son suppléant, ou du maire, ou de son adjoint, ou du commissaire de police.

Art. 5. — Chaque feuillet du procès-verbal dressé par un officier de police judiciaire martiale est signé par lui et par les personnes qui y ont assisté.

Art. 6. — Les actes et les procès-verbaux dressés par les officiers de police judiciaire martiale sont transmis, sans délai, avec les pièces et documents, à la Cour martiale.

Art. 7. — La poursuite des crimes et délits a lieu d'office, d'après les rapports, actes ou procès-verbaux dressés conformément aux articles précédents.

Art. 8. — La Cour désigne, pour l'information, soit un de ses membres, soit un rapporteur qu'elle choisit ; l'information a lieu d'urgence et sans aucun délai.

Art. 9. — L'accusé est défendu.

Le défenseur, choisi par l'accusé ou désigné d'office, a droit de communiquer avec l'accusé ; il peut prendre, sans déplacement, communication des pièces de la procédure.

Art. 10. — Les séances sont publiques.

Art. 11. — Le président a la police des audiences ; les assistants sont sans armes.

Les crimes ou délits commis à l'audience sont payés séance tenante.

Art. 12. — Le président fait amener l'accusé.

Art. 13. — Le président fait lire par le greffier les pièces dont il lui paraît nécessaire de donner connaissance à la Cour.

Art. 14. — Le président fait appeler ou amener toute personne dont l'audition paraît nécessaire ; il peut aussi faire apporter toute pièce qui lui paraît utile à la manifestation de la vérité.

Art. 15. — Le président procède à l'interrogatoire de l'accusé et reçoit les dépositions des témoins.

Le rapporteur est entendu.

L'accusé et son défenseur sont entendus ; ils ont la parole les derniers.

Le président demande à l'accusé s'il n'a rien à ajouter à sa défense, et déclare que les débats sont terminés.

Art. 16. — La culpabilité est résolue à la majorité des membres présents ; en cas de partage, l'accusé bénéficie du partage.

Art. 17. — L'arrêt est prononcé en séance publique.

Art. 18. — Tout individu acquitté ne peut être repris ou accusé à raison du même fait.

Art. 19. — Tous frais de justice sont à la charge de la commune.

Art. 20. — Le rapporteur fait donner lecture de l'arrêt à

l'accusé par le greffier, en sa présence et devant la garde assemblée sous les armes.

Art. 21. — L'arrêt de condamnation est exécuté dans les vingt-quatre heures après qu'il a été prononcé, ou dans le cas de condamnation à mort, dans les vingt-quatre heures après la sanction de la Commission exécutive.

Art. 22. — Toutes assignations, citations et notifications aux témoins, inculpés ou accusés, sont faites par tous magistrats, officiers ou délégués procédant de l'élection, requis à cet effet par le rapporteur.

Titre II. — Des crimes, des délits et des peines.

Art. 23. — Les peines qui peuvent être appliquées par la Cour martiale sont :

La mort ;
Les travaux forcés ;
La détention ;
La réclusion ;
La dégradation civique ;
La dégradation militaire ;
La destitution ;
L'emprisonnement ;
L'amende.

Art. 24. — Tout individu condamné à la peine de mort par la Cour martiale est fusillé.

Art. 25. — La Cour se conforme, pour les peines au Code pénal et au Code de justice militaire.

Elle applique, en outre, la justice martiale à tous les faits intéressant le public.

Fait à Paris, le 17 avril 1871.

L. Boursier ; Collet ; Chardon ; Roux ; P. Henry.

Rossel, de son côté, fit paraître l'avis suivant :

Cour martiale.

Les officiers, sous-officiers ou gardes qui sont licenciés

en droit sont invités à se faire inscrire au siège de la Cour Martiale (à la prison du Cherche-Midi) et à assister aux séances de la Cour, pour lui prêter leur concours pour l'instruction des affaires, les fonctions du Ministère public et la défense.

La séance d'ouverture de la Cour aura lieu ce soir à 9 heures.

17 avril 1871.

Le Colonel Président,
Rossel.

Le décret de formation était du 16, l'arrêté réglant la procédure du 17. Le 18, la Cour martiale rendait son premier arrêt qui fut un arrêt de mort contre le commandant Girod du 74e bataillon, coupable de lâcheté devant l'ennemi.

Cour Martiale.

La Cour martiale, dans sa séance du 18 courant, condamne à la peine de mort le nommé Girod (Jean Nicolas), chef du 74e bataillon, coupable d'avoir refusé de marcher devant l'ennemi.

Cette rapidité et cette rigueur étaient justement ce que je voulais et ce qu'il fallait. Une demi-douzaine d'arrêtés de cette nature dans l'espace de la première semaine et tout rentrait dans l'ordre ; la discipline était fondée et la Commune sauvée. Celle-ci en jugea tout autrement et cassa le jugement.

La Commission Exécutive, prenant en considération les antécédents démocratiques du citoyen Girod, chef du 74me bataillon, condamné à mort par la Cour martiale, pour avoir refusé de marcher contre l'ennemi, a commué sa peine.

« Le condamné Girod subira la dégradation civique et militaire et restera emprisonné pendant la durée de la guerre. »

« *La Commission Exécutive.* »

Immédiatement informé je me rendis à la Commune pour la seconde fois depuis son existence. La première avait également eu pour objet une raison disciplinaire, l'arrestation de Bergeret, dont je parlerai plus loin.

Mon entrée à la Commune fut tout à fait intempestive. La Commission exécutive était en train de mettre en accusation la Commission de sûreté générale personnifiée par R. Rigault. Il paraît même que cette dernière était sur le point d'être renversée, ce qui eût été un immense avantage. Je la sauvai sans le vouloir et sans le savoir. Voici comment :

J'entrai immédiatement dans le débat, réclamant un tour de parole de faveur, vu le peu de moments dont j'avais à disposer. Avec vivacité j'attaquai la Commission exécutive, l'accusant de mollesse et, par sa commutation, de rendre impossible l'établissement de la discipline, par suite, de compromettre gravement la défense de Paris. J'ajoutai que je déclinai toute responsabilité à cet égard si l'on me créait ainsi des obstacles. Cette attaque, vivement saisie par R. Rigault et ses partisans, leur servit de texte contre la Commission exécutive. Celle-ci fut obligé de me céder la tête de Girod, dont je ne sus que faire, attendu qu'il était trop tard. Le châtiment doit suivre immédiatement la faute sous peine d'être odieux, et de se retourner contre la discipline. Rigault fut sauvé et ce fut un grand malheur. Tout cela, parce que, confiné entièrement dans mon organisation et ma défense de Paris, j'ignorais absolument ce qui se passait à la Commune.

Cette affaire eut des conséquences très graves et peut être considérée comme le signal de la chute de la Commune. La Commission exécutive rallia ses amis qui étaient les miens et se tourna contre moi croyant que je m'étais tourné contre elle, ce qui était bien loin de ma pensée. Au moins celle-ci renfermait-elle des intelligences et des énergies ; que renfermait la seconde ? Mon pauvre ami Vermorel fit un excellent discours et une faute grossière en demandant la dissolution de la Cour martiale au nom de l'humanité. Il déclara que le peuple du 18 Mars avait horreur du sang, ce qui était vrai ; mais non moins vrai à coup sûr était celle qu'il m'inspirait. Pourtant j'étais obligé de céder à une nécessité de circonstance. Et quand je lui répondis : « Vous avez horreur du sang, soit ; mais c'est le nôtre qui coulera », j'étais dans le vrai. Vermorel, l'homme le moins sentimental que je connusse, fit du sentiment et entraîna la Commune trop disposée à le suivre. Le fait est que ces hommes de demi-mesures et généralement de peu d'action, furent effrayés de la précision avec laquelle fonctionnait la Cour martiale dans mes mains et eurent peur qu'elle ne se mît à fonctionner jusque dans leurs rangs [1]

---

[1] La Commune fut aussi impressionnée — du moins je le crois — par une autre exécution « que j'avais fait faire au Champ-de-Mars, de mon autorité privée. Il s'agissait autant que je peux me rappeler de voies de fait envers un supérieur.

C'était absurde et cette habitude de toujours soupçonner et trembler finit par amener la Commune où elle arriva.

Dans les débats, Rossel fut très-maltraité ; n'osant s'en prendre à moi, on s'en prit à lui. On l'accusa d'avoir agi sous l'influence d'une rancune personnelle. Il est vrai que le père de Rossel avait été le concurrent malheureux du commandant Girod qui lui avait été préféré. C'était un fâcheux rapprochement, mais, la discipline avant tout. On insista surtout sur les antécédents républicains du condamné. Toutes raisons déplorables. Rossel, comme président, n'avait que sa voix dans le Conseil, et quant aux antécédents, je dirai presque : « Raison de plus pour être sévère. » Car, que se propose-t-on en condamnant un homme ? L'atteindre ! Ce serait de l'enfantillage. — Que vaut un homme ? — On se propose de faire un exemple, de frapper l'imagination de crainte, afin que ceux qui seraient tentés d'imiter le coupable, dans l'espèce, de fuir devant l'ennemi, se disent : « Diable ! il y a plus de danger à fuir qu'à faire son devoir ! » Or, cette crainte salutaire pour tous ne peut entrer dans l'esprit de chacun qu'autant qu'on se dit : « La sentence atteint n'im« porte qui : ni services passés, ni grade élevé ne peu« vent sauver la tête du lâche ! »

Ceci me rappelle un mot profond de d'Hautpoul à mon égard. En 1849, je venais d'être mis en non-activité à propos des élections de Carnot, Vidal et de Flotte. Un colonel ramolli m'ayant représenté comme la cause du vote républicain du régiment, on fit observer à d'Hautpoul que j'avais d'excellentes notes, qu'il n'y avait absolument rien contre moi et que j'étais réputé un officier d'avenir, qu'il portait ainsi atteinte à ma carrière et mécontentait mes camarades, d'Hautpoul se contenta de répondre : « Si je ne sévissais que contre les officiers tarés, les autres me feraient la loi. »

Rossel se montra très irrité de la conduite de la Commune et me donna sa démission. Une scène très vive eut lieu dans mon cabinet entre lui, Delescluze et, je crois, F. Pyat. Eux restant sur ce terrain : la Commune ne veut pas de sang, et moi soutenant naturellement Rossel que je priai en vain de reprendre sa démission. Il consentit à en ajourner la publication mais ne me rendit plus aucun service. En vain je lui représentai qu'une question d'amour-propre ne devait pas primer le sentiment du devoir ; son ressentiment l'emportait toujours. A partir de ce moment il ne cessa de comploter avec la rédaction du « *Père Duchesne.* » Chaque jour, son ou ses rédacteurs venaient s'entretenir avec lui dans la salle de billard qui est à côté du Cabinet du Ministre. Ils causaient à voix basse. Que disaient-ils ? Je ne m'en suis jamais inquiété. Mon caractère répugne à ces sortes d'inquisition. Pour moi, Rossel était un galant homme jusqu'à preuve du contraire et ce n'était pas à moi à aller au-devant de cette preuve. J'appris depuis par son confident, Séguin, que Rossel avait l'intention de culbuter la Commune, de se faire dictateur et de me confier le commandement en chef des troupes. Cette communication me fut faite dans les derniers jours de mon emprisonnement à l'Hôtel de Ville. Comme jamais Rossel ne s'en ouvrit à moi, et pour cause, qu'il devait parfaitement savoir qu'ennemi mortel de toute dictature, je n'aurais pas plus accepté la sienne que la mienne ou celle de tout autre, et que je l'eusse fait arrêter séance tenante, je m'abstiens de tout jugement sur cette communication qui, peut-être, n'était qu'un ballon d'essai.

Ce ne fut pas la seule conséquence déplorable de ma malencontreuse intervention. Dans la séance du 20 avril, la Commission exécutive, composée d'Avrial, Cournet, Delescluze, Pyat, Tridon, Vermorel, Vaillant, à coup sûr la meilleure, la seule Commission sérieuse qu'ait jamais possédée la Commune, fut remplacée par la deuxième Commission composée de Jourdes, Viart, Grousset, Frankel, Protot, Andrieu, Vaillant et Rigault, ce dernier fut remplacé immédiatement par Cournet. Cette Commission, toute d'éléments hétérogènes, sans consistance, sans spécialités, fut sans valeur et précipita la perte de la Commune. J'y reviendrai.

C'est dans cette séance du 20 avril que Rastoul fit la proposition de la dictature. Il ne pouvait y avoir aucun doute sur le titulaire. Deux voix s'élevèrent immédiatement contre cette proposition, la mienne et celle de Delescluze ; la première, parce que je ne voulais de la dictature pour personne, la seconde parce que Delescluze la voulait pour lui. Il en a été bien près. Il a eu la plus grande somme de pouvoirs après moi. Qu'en a-t-il fait ?

On me dira d'oublier le Jacobin despote, pour ne me souvenir que du héros mort sur une barricade. Sans m'arrêter à cette pensée que les balles sont aveugles, je dirai que j'écris pour le peuple et son enseignement, que les actes seuls sont intéressants et que les individus, quelqu'ils soient, abrités par la tombe ou couverts par le malheur ne cessent pas pour cela d'êtres comptables de leurs actes vis-à-vis du peuple et vis-à-vis de l'histoire. Bien mourir peut être quelque chose, mais bien vivre, c'est-à-dire accomplir son devoir, est tout. Le sentiment est le domaine de l'homme privé, la raison celui de l'homme public. Quiconque tient une plume est homme public. Il n'a pas le droit de s'attendrir, il a le devoir de juger.

Aussitôt que la nouvelle de l'échec subi par la Cour martiale se répandit, dès qu'on sut que la Commune se rangeait du côté de l'indiscipline, ma position de difficile devint presque insoutenable. L'effet immédiat fut d'encourager les lâches à rester chez eux. D'où nécessité de commander cinq fois l'effectif nécessaire au service. Or, avec le temps, l'enthousiasme diminuant et les fautes et le danger augmentant, c'était 6, 7, 8, 9 hommes qu'il fallait commander pour en avoir un. Ne marchaient plus que les hommes réellement hors ligne. Parmi eux, seulement, la mort sévissait ; en sorte qu'à la longue, ne seraient plus restés que les lâches, les indifférents ou les malveillants. Joli système, qui devait remplir de joie Malon, partisan de la défense par les seuls volontaires, et Versailles dont les agents voyaient ainsi leurs manœuvres couronnées de succès. Comme j'aurais voulu voir Versailles réduit aux seuls volontaires !

J'aime beaucoup toutes ces ravissantes théories humanitaires, mais à une condition, c'est qu'elles commenceront et finiront avec la paix. En réclamer l'application en temps de guerre, c'est être dupe ou fripon. La Commune ne fut pas friponne, à coup sûr, mais dupe, elle le fut certainement.

Ce qu'il y a de plus attristant dans tout cela, c'est l'inconsistance. On comprend le mot de la Convention : « Périssent les colonies plutôt qu'un principe.» Je comprendrais la Commune disant : « Périsse la Commune plutôt qu'un principe, celui de l'abolition de la peine de mort. » Mais ce qu'elle défaisait aujourd'hui dans un esprit de rivalité ou de personnalité mesquine, elle le rétablissait le jour suivant, en changeant le personnel.

C'est ainsi qu'elle rétablit le 12 mai ce qu'elle avait démoli le 20 avril.

Le Comité de Salut Public,

ARRÊTE :

Sont nommés Juges à la Cour Martiale les citoyens :
Colonel E. Goit, président ;
Colonel J. Collet, juge ;
Colonel Ledrux, juge ;
Lieutenant Colonel Razoua, juge ;
Commandant Lefébure-Roncier, juge suppléant ;
Commandant Michevon, juge suppléant ;
Lieutenant H. Arnold, juge suppléant :
Commandant A. Goullé, juge rapporteur ;
A l'Hôtel de Ville, le 12 mai 1871.

Le Comité de Salut Public :

ANT. ARNAUD ; E. EUDES ; F. GAMBON ; G. RANVIER.

Malgré la Commune et malgré tout, je parvins néanmoins à maintenir, par les chefs de légion et de bataillon, un reste de discipline, si toutefois il est permis d'appeler ainsi un semblant d'obéissance consentie. Jusqu'au dernier jour, mes ordres furent à peu près obéis, quoique n'ayant d'autre point d'appui que ma volonté. En cela je rends justice aux gardes ; ils eurent plus de sens commun que ceux auxquels leurs votes avaient remis le pouvoir. S'ils n'avaient été malheureusement trompés par la phraséologie humanitaire de leurs chefs, la discipline eût été facile à introduire et à maintenir, car les hommes étaient généralement bons et dévoués ; les chefs seuls ne valaient rien, au point de vue militaire bien entendu. Mais la discipline eût-elle jamais été assez forte pour dissiper l'ivrognerie, ce vice ignoble, fruit du siège et de l'empire, qui s'était emparé de la Garde Nationale sans distinction de grades, je n'ose l'affirmer. Il y avait là une plaie tellement profonde, tellement gangrenée que j'ai bien peur qu'elle ne soit à jamais incurable. Ah ! que les classes exploitantes connaissent bien leur métier ! et comme elles savent dégrader pour affaiblir et dominer !

VII

RÉSUMÉ DE L'ORGANISATION MILITAIRE

Situation générale au 30 avril. — Un Règlement dans les ateliers de l'administration de la guerre. — Les héroïnes de la Commune. — L'ensemble des forces communalistes.

Telle est l'exposition sincère du travail d'organisation que je fis pendant les vingt-huit jours que je passai au Ministère de la Guerre.

Rien, absolument rien le 3 avril, que le chaos dans toute l'acception du mot, grâce aux généraux improvisés du Comité Central.

Le 30 avril, 41,500 hommes d'infanterie organisés e, pourvus de tout. De plus les matières en magasin et les contrats passés pour l'habillement permettaient, dans l'espace de trois semaines, de porter à 105,000 hommes l'effectif de l'infanterie. J'avais en magasin 800 mille mètres de drap. Et des meilleures maisons de Paris se disputaient les marchés comme sous un gouvernement dit régulier. Dans ces contrats j'avais introduit, le premier, cette clause essentielle au bien-être et à la moralité de l'ouvrière ; un minimum de salaire obligatoire *affiché* dans tous les ateliers. A l'exécution de cette clause, je tenais essentiellement la main, car l'ouvrière sachant qu'elle ne devait aucun remerciement à celui qui l'employait, que son salaire ne pouvait être abaissé au-dessous d'une somme fixée et qu'il lui était garanti par la Commune, devenait indépendante, se relevait à ses propres yeux et, devant sa régénération à la Commune, lui était attachée.

Plus tard la Commune fit paraître un décret dans le même sens. Là est la cause de l'attachement des femmes à la Commune. Pour la première fois, elles ont rencontré un gouvernement qui s'est occupé d'elles autrement que pour les corrompre et les avilir. Les nobles instincts de la vierge et de la mère qui, jamais, n'abandonnent complètement le cœur de la femme, se sont réveillés et les femmes du peuple se sont levées pour défendre *leur* gouvernement. Combien sont mortes et combien sont encore martyrisées pour sa défense ! Honneur à ces héroïnes qui ont eu le courage de mourir pour échapper à la honte de la prostitution, base de toutes les sociétés bourgeoises, qu'elles s'intitulent monarchiques ou républicaines !

Le type le plus grand, le plus beau de ces héroïnes est Louise Michel. Honneur à cette femme digne des temps antiques. Le peuple conservera sa mémoire et se souviendra de son exemple.

La cavalerie avait dix escadrons en formation, dont trois au complet.

L'artillerie, point faible de l'organisation, se composait de 5600 artilleurs divisés en batteries sédentaires et faisant un excellent service. Ses approvisionnements étaient indéfiniment assurés par la réorganisation de tous les ateliers de construction, mis en activité dans l'espace de quinze jours et fournissant plus que je ne consommais. J'avais, en matières premières et fabriquées, assez de munitions pour soutenir un siège de deux ans.

Le nombre de ces artilleurs s'augmentait chaque jour et j'eusse trouvé, dans les femmes, les enfants et les vieillards, d'excellentes recrues pour l'artillerie de rempart qui, se chargeant généralement par la culasse, offre un service facile. Ce service requiert, en outre, du coup d'œil et de la ténacité. J'ai remarqué, dans cette dernière guerre, que les hommes étaient les plus mous. Et cela se conçoit, c'était la génération impériale. Les vieillards dataient d'avant et les enfants d'après. Quant aux femmes, elles avaient à se venger.

L'artillerie de campagne se composait de deux batteries casernées à l'Ecole militaire. Mais, le 30 avril au matin, comme je l'ai dit, j'avais enfin obtenu, par le Comité Central, la mobilisation d'une partie de l'artillerie sédentaire. Comme j'avais, en matériel de toute espèce, de quoi former un nombre considérable de batteries ; que, ni chevaux ni harnais ne manquaient, j'aurais eu vite une artillerie de campagne, qui m'aurait permis de sortir de la stricte défensive à laquelle j'étais forcément condamné.

Le génie se composait de dix compagnies en train d'être doublées et d'un personnel directeur suffisant pour parer au plus pressant dans les circonstances où nous nous trouvions.

8

Le service médical était complètement organisé.

Quant à l'administration, pour la première fois, elle était remise logique, au lieu de rayonner du centre à la circonférence, ce qui fait que les états-majors regorgent tandis que les soldats meurent de faim, elle convergeait de la circonférence au centre, ce qui produit l'effet contraire. Les soldats sont servis les premiers et les états-majors pourvoyent eux-mêmes à leurs besoins.

Tous les services fonctionnant d'une manière indépendante, chacun dans son rayon étaient reliés entre'eux au point de vue de l'action, par le commandement militaire et, du contrôle financier par le trésor lui-même.

L'intendance était supprimée, sans secousse, tout doucement, exactement comme le socialisme se substituera un jour au vieux monde, par une organisation supérieure et souterraine qui, fonctionnant de proche en proche, finira par tout embrasser et être seule à fonctionner.

Tout ce travail s'était accompli entre Mayer et moi pour tout ce qui concernait l'organisation de l'infanterie.

L'agent dont je dois taire le nom pour ne pas le livrer à Versailles, m'aida puissamment à rendre les divers services administratifs indépendants.

Roselly rendit des services importants dans la construction des batteries, dans le classement et la mise en ordre du matériel du génie et de l'artillerie.

Le docteur Courtillier déploya une grande activité dans l'organisation du service médical et sut pourvoir au personnel médical de 41,500 hommes dans l'espace d'une vingtaine de jours.

Le commandant Larue, et généralement les ouvriers en métaux, furent mon véritable état-major dans les arsenaux et fonderies. Ce sont eux qui ont approvisionné leurs camarades. Le service de la fabrication fut certainement le mieux organisé et celui qui me donna le moins de mal.

Le service manutentionnaire, quoique rentrant dans le service administratif, mérite une mention spéciale. Le colonel X, que je regrette de ne pouvoir nommer, car je ne le crois pas encore hors de danger, avait su tirer de l'établissement du quai de Billy un parti supérieur à celui que l'intendance militaire en tirait.

Jusqu'au 18 avril, Rossel me rendit de grands services par l'organisation de l'état-major général qu'il avait parfaitement établi et qui fonctionnait très régulièrement. A partir de ce jour il ne fit plus rien que comploter. Si je n'avais été arrêté le 30 avril, le 1er mai je le remplaçai par Mayer, beaucoup plus capable comme organisateur.

Rossel s'occupa aussi de la cavalerie, dont je lui laissai l'organisation. Il n'y réussit pas plus que dans celle de l'artillerie de campagne et je fus forcé de lui retirer définitivement toute espèce d'organisation. Comme il me servait d'intermédiaire avec les Allemands, il s'était laissé embobiner par eux et voulait, à toute force, me forcer à leur acheter pour 400 mille francs de chevaux, qu'ils nous avaient volés bons et voulaient nous vendre mauvais. Ces chevaux étaient à Nancy[1]. Je

---

[1] Ne voulant pas offenser Rossel arbitrairement, j'envoyai un

m'y refusai formellement et interdis à Jourde de s'occuper de cette affaire. Jamais Rossel ne me pardonna d'avoir, en cette circonstance, préféré les intérêts du peuple aux siens.

Telle était la situation, le 30 avril, jour de mon arrestation. Nous verrons ce que mes successeurs en feront.

vétérinaire examiner les chevaux. Son rapport ne me laissa aucun doute sur la nature de l'opération dont le prince Galitzin s'était fait l'intermédiaire ; véritable marché impérial à pots de vin.

DEUXIÈME PARTIE

LES OPÉRATIONS MILITAIRES

―

Chapitre I

PRÉLIMINAIRES

La situation des armées en présence. — Rapport à la Commune. — La sortie du 2 avril. — Le mont Valérien aux Versaillais. — Arrestation du commandant Ferrat. — Manifeste du Comité Central. — Le Rapport de Mac-Mahon. — Les forces de l'armée de Versailles.

Ma première pensée avait été de former une petite armée mobile, de prendre l'offensive au Sud et d'opérer autour de Versailles, coupant les voies-ferrées et m'appuyant sur l'insurrection des provinces avec lesquelles je venais de faire connaissance dans l'hiver de 70-71. Je les savais pleines de bonne volonté, mais encore sous l'impression de l'étreinte impériale, timorées pour ne rien dire de plus. Un point d'appui armé et l'insurrection gagnait comme une traînée de poudre dans le midi, dont la Ligue eût immédiatement formé la base d'une assemblée constituante.

Mais, après l'affaire du 3 avril, après avoir été à même d'apprécier le peu de solidité de la Garde Nationale, sans cavalerie et sans artillerie, il ne fallait plus songer à ce projet d'offensive.

Je me résignai donc à la défensive. Une crainte venait s'ajouter à toutes les incertitudes d'une situation qui fourmillait d'inconnus.

Que feraient les Prussiens ? — Etaient-ils, comme le faisaient sonner bien haut les amis de Versailles d'accord avec les ruraux. Allaient-ils livrer les forts de la rive droite et affamer Paris ? — Dans ce cas, toute résistance était impossible.

Le mouvement des troupes de Versailles dans la presqu'île de Gennevilliers semblait indiquer une tendance à se rapprocher de Saint-Denis pour l'occuper. Le 5 avril, vingt-quatre heures après mon installation, j'adressai le rapport suivant aux membres de la Commission exécutive :

Rapport du Délégué à la Guerre aux Membres de la Commission Exécutive.

Citoyens,

Depuis mon entrée en fonctions, j'ai cherché à me rendre un compte exact de la situation militaire tant au point de vue de ce qui motive une agression que rien ne justifie qu'à celui de ses résultats.

Le motif paraît être, en première ligne, d'effrayer la population, en second lieu de nous faire dépenser en pure perte, nos munitions, enfin de masquer un mouvement sur notre droite pour occuper les forts de la rive droite.

Jusqu'à ce jour, l'espoir coupable de l'ennemi a été frustré, ses tentatives ont été repoussées.

La population est restée calme et digne et si nos munitions ont été gaspillées par des soldats trop jeunes, ils acquièrent, chaque jour, par la pratique du feu, le sang-froid indispensable à la guerre.

Quant au troisième point, il dépend plus des Prussiens que de nous. Néanmoins, nous veillons.

Au point de vue de l'action, elle se résume ainsi : soldats excellents, officiers mêlés, les uns très bons et les autres très mauvais. Beaucoup d'élan, assez peu de fermeté. Quand les Compagnies de guerre seront formées et dégagées de l'élément sédentaire, on aura une troupe d'élite dont l'effectif dépassera 100,000 hommes. Je ne saurais trop recommander aux gardes de porter toute leur attention sur le choix de leurs chefs.

Actuellement les positions respectives des deux troupes peuvent se résumer ainsi : les Prussiens de Versailles occupent les positions de leurs congénères d'Outre-Rhin. Nous occupons les tranchées, les Montlineaux, la gare de Clamart.

En somme notre position est celle de gens qui, forts de leurs droits, attendent patiemment qu'on vienne les attaquer, se contentant de se défendre.

Des actes d'héroïsme se sont accomplis. A ce sujet je proposerai à la Commune de vouloir bien faire don au 101me bataillon d'une mitrailleuse qu'il a enlevée aux Prussiens de Versailles avec son caisson et deux autres pièces d'artillerie.

Que chaque bataillon tienne à honneur d'imiter le 101e et bientôt l'artillerie de la Commune de Paris sera une des plus belles et des mieux servies.

Je saisis cette occasion de rendre un public hommage à la justesse du tir de nos artilleurs.

En terminant, citoyens, je pense que si nos troupes

conservent leur sang-froid et ménagent leurs munitions, l'ennemi se fatiguera avant nous. Il ne restera alors, de sa folle et criminelle tentative que les veuves et les orphelins, le souvenir et le mépris pour une action atroce.

Le Délégué à la Guerre,
Général G. CLUSERET.

Afin de concentrer tous les moyens d'action, j'avais donné asile, au ministère de la guerre, aux deux Comités centraux de la Garde Nationale, celui de l'artillerie et celui de l'infanterie.

J'aimais mieux les avoir sous la main que de les voir faire une opposition sourde à la Commune dans les faubourgs et, par suite, affaiblir la défense. Réduits au rôle qui leur convenait, celui de maintenir le bon esprit dont était animée la Garde Nationale, mais ne se mêlant en rien des affaires de la guerre auxquelles ils ne comprenaient rien, ils rendaient des services efficaces et je dois dire que je n'eus que de bons rapports avec ces deux Comités.

Ces bons rapports cessèrent pourtant à l'occasion de l'arrestation du commandant Ferrat dans les conditions suivantes.

Ferrat était un ivrogne qui ne dégrisait pas. Partout il portait le trouble et était un objet de scandale public. Son général, Eudes, l'avait condamné à la prison et j'avais approuvé; mais Eudes n'osait le faire arrêter. Sur ces entrefaites, il eut l'audace de quitter son poste, Issy, et de venir sans permission au Ministère où siégeait le Comité Central, dont il faisait partie. Il se croyait sacré. Averti de sa présence, je descendis au rez-de-chaussée, où siégeait le Comité, pour l'arrêter, puisque personne n'osait le faire. Au moment où j'entrais, Ferrat filait par une autre porte et allait se cacher dans une autre chambre occupée par des membres du Comité d'artillerie.

A ma demande : « Où est Ferrat ? » les membres du Comité répondirent : « Nous l'ignorons »

Tout dans la réponse et dans l'attitude indiquait le mécontentement de mon intrusion. Mais je n'avais pas le temps de m'occuper de savoir si le Comité était content ou non. Je suivis le chemin indiqué par la porte ouverte, et trouvai Ferrat caché sous un lit. Après l'avoir tiré par une botte et remis sur ses jambes, je le confiai aux hommes de garde qui l'emmenèrent au Cherche-Midi.

Le soir même, le Comité Central, indigné, quittait le Ministère de la Guerre.

Indigné ! c'était à la surface, au fond, il était terrifié croyant que j'allais appliquer ce système à d'autres membres. En cela ils se trompaient. Quelque honteuse que fût la conduite de Ferrat, si ses excentricités n'avaient pas dépassé les limites du Comité Central, je ne m'en serais nullement mêlé, c'était affaire à ses membres de se respecter entre eux. Mais Ferrat, comme commandant d'un bataillon aux avant-postes était simplement un commandant comme les autres, relevant de ses chefs militaires.

Le Comité Central n'était nullement animé d'un mauvais esprit ; mais sous l'empire de craintes malheureusement partagées par la Commune et excité par Ferrat, Laccord et Arnold, se croyant beaucoup plus apte que moi à diriger la guerre, il n'eut pas le courage de faire son devoir qui se bornait à être mon bras droit.

C'était surtout l'administration à laquelle ils tenaient ; ce n'était pas dangereux et c'était plus attrayant. De plus, voyant leurs généraux s'étaler dans les palais, ils pouvaient se dire avec une justice parfaite : « Pourquoi pas nous aussi bien qu'eux ? »

Afin de conserver le prestige du Comité Central, je lui fis publier plusieurs arrêtés que j'approuvai. Il en fut de même avec la Commission exécutive qui publia, sous forme de décrets plusieurs arrêtés que j'avais envoyés du Ministère à l'imprimerie pour publication. Elle y mit quelquefois du sien, ce qui leur ôta quelque peu de l'homogénéité militaire primitive. Comme la Commune s'adressait à des gens qui n'étaient pas plus militaires qu'elle, le mal n'était pas grand et passa inaperçu. — Tout au moins, je l'espère.

Quelquefois, le Comité Central, croyant bien faire, me mettait dans une position très fausse, en publiant, à mon insu, des ordres comme le suivant :

« Considérant que dans les circonstances actuelles, il
« importe, surtout au point de vue militaire, de voir à la
« tête des légions des officiers supérieurs ayant des con-
« naissances reconnues :
« Dans les arrondissements qui n'en sont pas pourvus,
« le chef de légion sera nommé provisoirement par le
« délégué à la guerre et sanctionné par le Comité Cen-
« tral. »

Cet ordre qui, certainement, partait d'un excellent

esprit et prouvait que le Comité Central avait confiance en moi, était simplement impraticable : 1° parce que je ne connaissais personne capable, au point de vue militaire, de remplir ces fonctions ; 2° parce qu'il était absolument illégal d'enlever au suffrage sa responsabilité pour me la mettre sur le dos. — Ce ne fut pas le seul inconvénient de cet ordre intempestif; il eut, en outre, l'inconvénient grave, de me prendre un temps précieux pour répondre à toutes les demandes des députations qui affluaient au ministère. Ce n'était plus seulement des chefs de légion, mais des chefs de bataillon qu'on venait me demander. Il m'aurait fallu tenir un assortiment complet d'officiers supérieurs pour la Garde Nationale, ce qui était bien loin d'être possible.

Dans le Comité Central se trouvait un esprit remuant, ambitieux, capable et furieux de n'avoir pas été élu membre de la Commune. Ecrivain de mérite, il était le porte-plume du Comité sur lequel il exerçait une influence incontestable ; il se nommait Moreau; je le pris avec moi et lui confiai la formation d'un bureau spécial de police et d'informations. C'était lui qui était chargé de donner aux correspondants des journaux étrangers communication de toutes les nouvelles. J'ajoute que, m'inspirant des habitudes si larges de la presse américaine, je ne cachai rien de ce qui était transmis au ministère. Les seules choses que je gardassent pour moi seul, étaient les affaires relatives à l'organisation. Quant à celles relatives aux négociations avec les Allemands, je ne les communiquai qu'à la Commission exécutive et encore sous le sceau du secret. Obligé de donner certains éclaircissements dans la dernière séance de la Commune, par suite de la mauvaise foi de la Commission exécutive, j'ai exigé que les sténographes s'abstinssent de prendre des notes pendant cette partie de la séance.

Je suivrai, dans mon récit, le *Journal Officiel* de la Commune et le rapport de Mac-Mahon, comme points de repère. Le voici :

RAPPORT

Sur les opérations de l'armée de Versailles depuis le 11 Avril, époque de sa formation, jusqu'au 28 mai.

5 Avril.

L'armée destinée à faire le siége de Paris a été créée par décret du chef du pouvoir exécutif du 6 Avril.

Lors de sa formation, elle comprenait : l'armée de Versailles proprement dite, composée de trois corps d'armée, sous les ordres du maréchal de Mac-Mahon, et l'armée de réserve sous les ordres du général Vinoy.

Les 1er et 2e corps, ainsi que l'armée de réserve, comptaient chacun trois divisions d'infanterie et une brigade de cavalerie légère ; deux batteries d'artillerie et une compagnie du génie étaient attachées à chaque division, deux batteries à balles et 2 batteries de 12 formaient la réserve d'artillerie de chacun de ces corps.

Le 3e corps, entièrement composé de cavalerie, comprenait trois divisions, à chacune desquelles était attachée une batterie à cheval.

La réserve générale de l'armée comprenait dix batteries et deux compagnies du génie.

L'armée, ainsi constituée, est placée, pour les opérations du siége, sous le commandement en chef du maréchal elle commence ses opérations le 11 Avril.

A ce moment, Paris et les forts du Sud étaient au pouvoir de l'insurrection ; seul le mont Valérien restait entre nos mains. Les troupes réunies à Versailles, sous les ordres du général Vinoy, avaient occupé dans les premiers jours d'Avril, les positions de Châtillon, Clamart, Meudon, Sèvres et Saint-Cloud, ainsi que celles de Courbevoie et de la tête du pont de Neuilly, sur la rive droite.

11 Avril.

Telles étaient les positions respectives, lorsque le 11 Avril, le maréchal de Mac-Mahon, commandant en chef, indique à chacun des corps les emplacements à occuper et les dispositions à prendre.

Le 2e corps sous les ordres du général de Cissey, est chargé des attaques de droite ; il s'établit à Châtillon, Plessis-Piquet, villa Coublay, et dans les villages en arrière sur la Bièvre.

Le 1er corps, sous le commandement du général Ladmirault, est chargé des attaques de gauche. La division de Maud'huy occupe Courbevoie et la tête du pont de Neuilly ; la division Montaudon, Rueil et Nanterre, la division Grenier campe à Villeneuve-L'Etang.

La division occupant Courbevoie et la tête du pont de Neuilly devait être relevée tous les quatre jours par l'une des deux autres divisions du corps.

L'armée de réserve, commandé par le général Vinoy, fournit deux divisions en première ligne : l'une d'elles occupe Clamart, Meudon et Bellevue ; l'autre, Sèvres et Saint-Cloud : une troisième reste en réserve à Versailles.

Le 3e corps, sous les ordres du général du Barail, est chargé de couvrir l'armée sur la droite. Il doit occuper Juvisy, Lonjumeau, Palaiseau et Verrières, poussant ses avant-postes en avant de la route de Versailles à Choisy-le-Roy.

Le plan d'attaque consistait à s'emparer du Point-du-Jour. L'enceinte bastionnée au sud de Paris, depuis la porte

Maillot jusqu'à la porte de Gentilly, se développe sur deux longues lignes droites, et n'offre en réalité qu'un saillant abordable, le Point-du-Jour ; mais, couvert en avant par le fort d'Issy, il était nécessaire de s'emparer de ce fort avant de commencer les travaux d'approche vers l'enceinte.

Par suite, le 2ᵉ corps (général de Cissey) doit s'avancer en cheminant vers le fort d'Issy, pendant que le 1ᵉʳ corps (général Ladmirault) s'établira fortement à gauche et s'emparera de toute la rive gauche de la Seine jusqu'à Asnières.

12 Avril.

Dès le 12 avril, le corps de Cissey commence les travaux de tranchée et l'établissement de nouvelles batteries sur le plateau de Châtillon ; le général Charlemagne, commandant la brigade de cavalerie du 2ᵉ corps, fait couper, à hauteur de Juvisy, le chemin de fer d'Orléans et la ligne télégraphique, et intercepte ainsi toute communication entre Paris et le sud.

Le corps Ladmirault gagne, dès le premier jour, du terrain en avant de Neuilly et s'empare du village de Colombes. Le 14 Avril, les maisons occupées par les insurgés au nord de Courbevoie sont attaquées, la redoute de Gennevilliers est enlevée, et une reconnaissance est poussée jusque devant le château de Bécon, dont la possession est importante, afin de permettre l'établissement de batteries destinées à combattre celles de Clichy et d'Asnières.

17 Avril.

Le 17, le château de Bécon est brillament enlevé par le 36ᵉ de Marche (colonel Lefèbre) ; le parc est mis en état de défense, et des batteries sont immédiatement construites. Le lendemain, le 36ᵉ, continuant son mouvement en avant, déloge les insurgés de toutes les maisons qui bordent la route d'Asnières et s'empare de la gare, où il s'établit solidement.

Le village de Bois-Colombes est en même temps enlevé par le 1er régiment de gendarmerie (colonel Grémelin), secondé par un bataillon du 72e de marche (brigade Pradier.)

Par suite de ces coups de main, l'insurrection se trouve définitivement confinée sur la rive droite dans cette partie de nos attaques, et le corps Ladmirault reste dès lors sur la défensive, si ce n'est pour s'emparer, dans Neuilly, de quelques îlots de maisons nécessaires à la protection de notre ligne de défense.

A la droite, le corps de Cissey s'avance vers le fort d'Issy, en établissant des parallèles entre Clamart et Châtillon. Les insurgés prononcent journellement contre nos tranchées des mouvements offensifs qui sont vigoureusement repoussés.

Les travaux de tranchée, et la construction d'une série de batteries établies sur les crêtes à Châtillon, Meudon et Bellevue, absorbent la période du 11 au 25 Avril, signalée seulement par l'occupation de Bagneux, enlevé aux insurgés le 20, et mis en état de défense.

Pendant ce temps, les 4e et 5e corps d'armée sont créés par décision du 23 Avril, et comprennent chacun deux divisions formées principalement d'éléments rentrant des prisons de l'ennemi. Ils sont placés sous le commandement des généraux Douay et Clinchant, et doivent prochainement prendre part aux travaux de siége.

25 Avril.

Le 25, les batteries des attaques de droite ouvrent leur feu; les batteries de Breteuil, de Brimborion, de Meudon, de Châtillon et du Moulin-de-Pierre couvrent le fort d'Issy de leurs obus, et la batterie entre Bagneux et Châtillon tire sur le fort de Vanves. Ces deux forts, puissamment armés répondent vigoureusement, ainsi que l'enceinte et le Point-du-Jour. Une carrière, près du cimetière d'Issy, est enlevée aux insurgés, et une tranchée est creusée le long de la route de Clamart aux Moulinaux, pour dominer ce dernier village.

26 Avril.

A ce moment, le projet est arrêté de poursuivre les travaux d'approche, à droite et à gauche du fort d'Issy, afin de le dérober sur deux côtés et de l'isoler autant que possible. Dans ce but, il est nécessaire de s'emparer du village des Moulineaux, poste avancé des insurgés, qui inquiète nos approches. Cette opération est exécutée, dans la soirée du 26, par des troupes du 35e et du 110e de ligne (division Faron), du corps Vinoy.

Le village des Moulineaux, attaqué avec vigueur, est vaillamment enlevé. Les journées des 27 et 28 sont consacrées à s'y fortifier, en même temps qu'une seconde parallèle est établie entre les Moulineaux et le chemin dit la Voie-Verte, à 300 mètres environ des glacis du fort. Des cheminements sont poussés en même temps en avant, dans la direction de la gare de Clamart.

L'occupation des Moulineaux nous permet de déboucher sur les positions que les insurgés possèdent encore à l'ouest du fort, tant sur le plateau, au cimetière, que sur les pentes, dans le parc, en avant du village d'Issy.

Ces positions sont fortement retranchées par l'ennemi, qui s'abrite derrière des épaulements, des maisons et des murs crénelés, dirigeant sur nos troupes une fusillade incessante.

29 Avril.

Le 29, dans la soirée, le cimetière, les tranchées et le parc d'Issy sont élevés par le concours de trois colonnes composées de bataillons des brigades Derroja, Berthe et Paturel.

L'action préparée par une violente canonnade, est menée avec vigueur ; le cimetière est enlevé à la baïonnette, sans tirer un coup de fusil : les tranchées qui relient le cimetière au parc, abordées avec élan, tombent en notre pouvoir; pendant que les troupes de la brigade Paturel s'emparent vaillamment de formidabbles barricades armées de mitrailleuses, et pénètrent dans le parc d'Issy, où elles refoulent les insurgés.

Nos pertes sont minimes ; l'ennemi a un grand nombre de tués et laisse entre nos mains un certain nombre de prisonniers et 8 pièces d'artillerie.

A la même heure, une reconnaissance, vigoureusement exécutée par deux compagnies du 70° de marche, s'empare de la ferme de Bonamy, située à 500 mètres du fort de Vanves, tue 30 insurgés et fait 75 prisonniers.

Afin de profiter de la panique éprouvée par les insurgés dans la nuit du 29 Avril, à la suite de la prise du cimetière et du parc d'Issy, un parlementaire est envoyé au fort d'Issy, dans la soirée du 30, pour sommer la garnison de se rendre. La promesse faite aux insurgés d'avoir la vie sauve semble les rendre accessibles aux propositions ; mais, la nuit arrivant, le parlementaire est obligé de rentrer dans nos lignes.

1er Mai.

Dans la matinée du 1er mai, la sommation de rendre le fort est renouvelée ; mais, pendant la nuit, les insurgés avaient reçu du renfort avec le prétendu général Eudes, qui avait pris le commandement du fort, et qui refuse toute proposition de se rendre.

Les travaux du siége et le tir des batteries, un moment suspendus, sont immédiatement repris.

Afin d'aborder le fort par la droite et par la gauche, les troupes de la 1re division de l'armée de réserve (général Faron) exécutent deux attaques vigoureuses : l'une sur la gare de Clamart et l'autre sur le château d'Issy. Ces deux mouvements, opérés avec beaucoup de sang froid et d'entrain par le 22e bataillon de chasseurs, le 35e et le 42e de ligne, réussissent complétement sans grandes pertes relativement à celles des insurgés.

Les positions conquises donnent la possibilité d'inquiéter l'entrée du fort, le château est immédiatement relié avec les travaux en arrière; toutefois le feu convergent des forts d'Issy et de Vanves et des maisons en avant empêche l'occupation définitive de la gare.

Ce rapport, jusqu'au 29 avril, est plus que concis. Du 2 au 11 avril, période pendant laquelle ont eu lieu les plus violentes attaques de Mac-Mahon et de ses généraux contre les forts, il garde le silence et ne le rompt qu'une fois par ci par là, du 11 au 25 avril.

Il s'est pourtant livré de rudes combats pendant ces vingt-trois jours. On peut même dire qu'on s'est battu nuit et jour. Mais l'avantage étant de notre côté, le silence devait être gardé par Versailles : toute vérité n'est pas bonne à dire. En revanche, à partir du 29 avril, le maréchal devient plus communicatif. Il triomphe, et sa verve ne tarit plus, après le 22 mai. C'est qu'alors, désemparée, sans gouvernail et faisant eau de toutes parts, la Commune sombre sous voiles, laissant à cet écumeur de terre, avec ses mille épaves, une proie facile sur laquelle il s'acharne et dépense ce que Sedan lui a laissé de valeur inassouvie.

Il m'appartient, à moi, son adversaire du 3 au 30 avril, de réparer cette lacune.

D'après le rapport, qui est officiel, l'armée rurale se composait, le 6 avril, de 9 divisions d'infanterie ayant

18 batteries d'artillerie,

8 batteries de mitrailleuses,

8 batteries de 12 de réserve.

Trois brigades de cavalerie légère étaient attachées à ces 9 divisions d'infanteries.

Il y avait en outre, trois divisions de cavalerie avec

3 batteries à cheval. Pourquoi faire? ceci est le secret du général Thiers.

La réserve générale de l'artillerie était de 10 batteries.

Le tout formait environ 90,000 hommes et 47 batteries de campagne ou 282 pièces, sans compter, bien entendu, l'artillerie de position.

J'ai dit ce que j'avais à opposer à cette masse. Deux mauvaises batteries, 3 escadrons et une force organisée d'infanterie qui, si elle était de 41,500 hommes le 30 avril, le 6 était nulle.

Dès le premier avril, les troupes de Versailles semblèrent vouloir prendre l'offensive. Une reconnaissance fut poussée par des chasseurs à pied jusqu'au Point-du-Jour. Une autre eut lieu du côté de Bois-Colombes et aussi de Puteaux. Vers le Bas-Meudon et dans les bois, une forte colonne d'infanterie, précédée de cavalerie, avait pris position — Gallifet, m'assure-t-on, s'était avancé jusqu'au fort de Vanves. — De tout ce mouvement, le résultat avait été : quelques gendarmes tués et quelques gardes nationaux blessés.

Chapitre II

LES VERSAILLAIS PRENNENT L'OFFENSIVE

La surprise de Courbevoie. — Manœuvre renouvelée des Prussiens. — Les fanfaronnades de la presse. — L'attitude de Bergeret. — Les atrocités versaillaises. — Massacres de blessés et de prisonniers. — La tactique de Thiers.

Le 2, les 119e, 218e et 93e bataillons de Garde Nationale furent attaqués, à 10 heures du matin, au rond-point de Courbevoie. Surpris, ils prirent la fuite et se rallièrent vers la porte Maillot. Ce n'était évidemment qu'une reconnaisance ; aussi les gardes nationaux purent-ils réoccuper, avec les renforts qui partirent de la place, les positions évacuées.

C'est, du moins, ce qu'on m'affirma dans la soirée et c'est à ce sujet que parut cette grotesque dépêche :

Paris, 2 avril 1871, 5 30 h. du soir.

Place à Commission Exécutive. — Bergeret *lui-même* est à Neuilly. D'après rapport le feu de l'ennemi a cessé. Esprit des troupes excellent, soldats de ligne arrivent *tous* et déclarent que, sauf les officiers supérieurs, personne ne veut se battre. Colonel de gendarmerie tué.

Le Colonel Chef d'état-major,
Henri.

J'ai dit que, me promenant, ce matin-là aux Champs-Elysées, j'avais été en simple curieux m'assurer des faits sur les lieux. Voici ce que je vis et entendis.

Les Gardes Nationaux fuyaient, évidemment pris de panique, parmi eux quelques hommes du 74ᵉ de ligne, pris ou égarés, déclarant qu'ils n'y comprenaient rien. On les avait emmenés en promenade militaire ; puis, des coups de fusil : ils ne savaient pas ce que cela voulait dire.

Néanmoins l'ensemble des dires des Gardes Nationaux me porte à croire que leur surprise fut principalement due à une manœuvre déloyale, empruntée aux Prussiens ; l'avant-garde, composée de gendarmes, se serait avancée la crosse en l'air, puis, arrivée auprès des gardes-nationaux venant pour fraterniser, aurait immédiatement fait feu. Cette mauvaise action n'a rien de surprenant de la part de gendarmes, mais ce qui est étonnant, c'est que des Gardes-Nationaux parisiens, devant connaître le caractère des policiers de l'Empire, se soient laissés prendre à une manœuvre aussi grossière.

Cette triste échauffourrée servit de prétexte à tous les braillards pour crier « à Versailles ! » Le *Cri du Peuple* terminait son premier Paris intitulé « En route » par cette rodomontade puérile :

« Il n'y a plus à hésiter. Ils ont osé attaquer Paris. Bien ! que ce soir le drapeau communal flotte sur Versailles. En route ! »

C'est avec de semblables gasconnades qu'on gagne de la popularité et qu'on perd les meilleures causes.

— Le peuple croit que ceux qui parlent ainsi en savent plus long que lui et ont préparé les moyens de réussir. Il se lance vivement en avant et revient plus vivement en arrière, s'aperçoit qu'on le trompe et se décourage. Quand viennent ensuite les hommes sérieux qui, eux, se rendent compte de la situation, savent ce qui est possible et bornent là leurs efforts, les braillards continuent à faire blanc de leur épée, accusant de pusillanimité ou d'incapacité ceux qui ont le tort de savoir et la conscience de préférer le devoir à la popularité. Et comme le peuple souffre et a le droit d'être pressé, il se montre impatient, rageur, injuste, met en suspicion ceux-là seuls qui l'aiment sincèrement, use tour à tour les empiriques bruyants et finit par succomber, là où, avec plus d'esprit de méthode, il pouvait et devait triompher.

Ce qu'il y a de triste en pareille matière, c'est que cela a été, est, et sera toujours. L'expérience n'y peut rien. Le peuple veut être trompé.

Partout, on battit la générale. Et, pour une escarmouche sans importance on mit tout le monde sens dessus dessous, usant avant l'action l'énergie populaire et jouant le jeu de Versailles.

En même temps, on trompait le peuple par des avis de cette nature : « Il y a deux jours, une forte recon-
« naissance du 2ᵉ zouaves, envoyée de Versailles jus-
« qu'aux portes de Paris, est entrée dans nos murs
« aux cris de *Vive la République ! Vive la Commune de Paris !* » Le lendemain, c'était le tour d'une compagnie de chasseurs à pied. Inutile d'ajouter qu'il n'y ait rien de vrai.

Cette journée du 2 avril me fit frissonner, en voyant l'ignorance de toute cette masse armée, spécialement celle des hommes qui s'intitulaient généraux. En comparant les aspirations ambitieuses qui surgissaient de toutes parts, avec la disproportion des ressources en hommes, je fus frappé d'épouvante. Si je n'avais consulté que mon goût personnel, j'aurais quitté Paris le soir même. Mais le sentiment du devoir me retint. Je pensai qu'il fallait à toute force utiliser les ressources en matériel que la victoire du 18 Mars avait mises dans les mains du peuple, et le sauver de lui-même en mettant un peu d'ordre et de prudence dans l'action. Le triomphe de l'indépendance communale était le plus cher de mes vœux.

J'acceptai donc le Ministère de la Guerre, que j'avais refusé jusqu'alors. J'ai dit comment j'arrivai trop tard pour empêcher la catastrophe, résultat de l'outrecuidance du triumvirat militaire de la Commune. J'ai dit le gâchis, l'anarchie qui s'en suivit et la nécessité où je fus de tout réorganiser.

A la suite de la déroute du 3 avril, le même esprit charlatanesque qui avait trompé la population et l'avait lancée dans la burlesque expédition contre Versailles, dénatura les faits et cacha les résultats.

La Commission exécutive publia l'avis suivant :

« La réaction monarchique est sans pitié. Hier, elle
« attaquait Neuilly, aujourd'hui Issy, Vanves et Chatillon.
« Heureusement que, prévenues à temps, nos troupes ont
« opposé une offensive vigoureuse et repoussé l'ennemi sur
« toute la ligne.

« Elles ont rejeté l'ennemi sur les hauteurs de Meudon et
« poussé une pointe hardie jusqu'à Bougival.

« Le 3 avril 1871.

« *La Commission Exécutive :*

« BERGERET ; EUDES ; DUVAL, LEFRANÇAIS ; PYAT ; TRIDON ; VAILLANT. »

C'était absolument faux. L'attaque était venue uniquement des trois membres de la Commission exécutive, Bergeret, Eudes et Duval. *La pointe hardie* sur Bougival était due à la stupide initiative de Bergeret qui, malgré mes ordres, avait été donner tête baissée dans le piège tendu par Versailles, piège où tant de braves gens, entr'autres Flourens, laissèrent la vie. Le fait est que les troupes de Versailles attendaient tranquillement que les gardes nationaux se fussent bien enferrés entre le Mont-Valérien et Bougival pour agir. Alors commença une véritable conduite de Grenoble. La plaine était jonchée des malheureux gardes-nationaux exposés sans défense possible à un feu meurtrier.

On aurait dû fusiller Bergeret pour ce fait. Il fit raconter dans les journaux qu'il avait eu deux chevaux tués sous lui. Ce qui était faux, puisqu'il était en fiacre. Et le peuple, toujours bon, oublia, en faveur des deux chevaux tués, les gardes nationaux sacrifiés !

Du reste, les journaux communiers, à l'instar de la littérature impériale, n'étaient plus qu'un pot-pourri de potins, de racontars, de réclames de toute espèce. On perdait de vue la grandeur du but pour ne s'occuper que de la « petite bête ». Ainsi le *Cri du Peuple* ajoutait aux deux chevaux tués sous Bergeret l'héroïsme de Mme Eudes combattant à côté de son mari. La femme d'Eudes ne quitta pas la chambre de satin bleu au Ministère de la guerre, je l'affirme *de visu*. Mais cela faisait bien dans le peuple, surtout pour la popularité du mari.

En revanche, un journal bien informé annonçait que le Mont-Valérien n'était pas à nous, comme on avait eu tort de le dire, mais qu'il s'était engagé à ne pas tirer sur les barricades. Or, il ne faisait que cela depuis 36 heures.

Il y eut des atrocités commises par les Versaillais. Duval, fusillé par ordre de Vinoy, mourut en héros. Le commandant Henry, frère du chef d'état-major de Bergeret, fut tué sous le Mont-Valérien.

Le général d'Aurelles de Paladine en bourgeois, une badine à la main, cinglait le bras d'un malheureux fédéré percé d'une balle et, comme la douleur lui arrachait un cri, un de ces ignobles argousins légués par l'Empire lui envoya une bourrade en criant : « Veux-tu te taire, animal ; c'est encore trop d'honneur pour toi d'être touché par M. le général de Paladines. »

Les prostituées du grand homme se montrèrent plus féroces encore ; l'une d'elles introduisait avec joie le bout de son ombrelle dans la plaie béante d'un garde national pour l'élargir.

Enfants du peuple, souvenez-vous ! N'oubliez jamais, non pour imiter ces bêtes féroces, mais pour les mettre dans l'impuissance de nuire.

Un semblable échec criait au peuple : Méfie-toi des empiriques ; sois prudent. Et si le peuple manquait de l'intelligence nécessaire pour comprendre la morale à tirer de semblable leçon ; c'était à ses organes de le lui faire comprendre ; eh bien, voilà ce qu'écrivait le *Cri du Peuple*, le 7 avril :

« Jamais on n'avait vu de chefs pareils : chefs inconnus, sortis des entrailles du peuple. Qu'importait la prise de cette redoute, la conquête de ce champ, l'occupation de ce coteau ?

« Il s'agissait de montrer que le peuple savait sans
« plan, sans discipline, faire face aux stratégistes et aux
« hommes d'Etat..... »

Et cela juste au moment où la démonstration contraire venait d'être faite de la façon la plus éclatante comme la plus humiliante. Jamais le peuple ne s'était révélé si incapable, ou plutôt pour la première fois le peuple de Paris, inférieur à lui-même, épuisé par vingt années d'empire et par les privations du premier siège, n'avait rien su tirer des entrailles de la Révolution. Il était impuissant à la féconder, et elle produisait des Bergerets : un fœtus au lieu d'un général ; tout était là.

Il est vrai de dire que, du côté de Versailles, les généraux de profession, véritables généraux de carton, ne surent pas profiter de leurs victoires. S'ils avaient voulu charger sur Issy, ils massacraient 30.000 hommes agglomérés comme un troupeau de moutons, sans chefs, démoralisés et hors d'état d'opposer la moindre résistance. Mais leur instruction et leur courage ne dépassant pas la tradition des bureaux arabes personnifiée dans Doineau : faire de l'énergie à froid en assassinant sans danger ; ils appliquèrent cette tradition aux Gardes Nationaux comme ils l'avaient appliquée aux Arabes ; au lieu de charger sur l'inconnu, ils massacrèrent les prisonniers et firent tirer sur les ambulances, sous prétexte que la Commune n'avait pas reconnu la Convention de Genève. Elle faisait mieux que la reconnaître, elle l'appliquait.

Il est juste de constater que si le peuple se montra incapable, il justifia une fois de plus sa vieille réputation de bravoure et de générosité en prenant des canons et soignant fraternellement les prisonniers et les blessés ennemis.

Qu'on en cite un seul maltraité par la Commune.

Et pourtant que de provocations à de cruelles représailles !

A Courbevoie, M. Baratte donne asile à deux gardes nationaux blessés. Cinq sergents de ville, pour ce fait, assassinent M. Baratte, sa femme, ses deux filles et les deux gardes nationaux, probablement pour ne pas laisser de témoins d'un attentat plus lâche encore.

J'ai vu à Asnières des gendarmes tuer dans sa boutique, sans provocation aucune, un charbonnier et casser le bras de son fils qui se jetait entre les assassins et son père pour le protéger.

Et pourtant, ce charbonnier n'était nullement communier ; mais il était travailleur, crime suffisant pour mériter la mort.

Quand je pense à ce qu'il a fallu de provocations et d'outrages sans nom pour amener le peuple à laisser consommer le meurtre des otages, je me demande comment on a pu si lestement lui faire endosser la responsabilité de cet acte isolé, à lui qui a donné des preuves si éclatantes de son inépuisable bonté. Non, mille fois non, les auteurs vrais sont des agents versaillais déguisés en peuple. *Ille fecit cui prodest.* Qui bénéficiait en cette affaire ? Le peuple ? Non, Versailles, ses ennemis.

M. de Montaut, agent officiel de M. Thiers, s'est vanté d'avoir été l'instigateur de cette affaire et, pour corroborer son dire, j'ajoute que, personnellement, j'ai eu en mains les preuves écrites que, dès la fin d'avril, Thiers avait envoyé à Paris un personnel nombreux d'agents et de repris de justice pour faire le coup. Ces pièces, je les ai remises à la Sûreté générale et c'est sur ce fait spécial que je m'appuyai pour demander l'élargissement de l'archevêque, comme aussi pour composer la garde de Mazas exclusivement de gardes nationaux pères de familles et sobres.

A la suite du désastre du 3 avril, le pont de Neuilly abandonné par Bergeret, tomba au pouvoir des Versaillais. Le colonel Bourgoin y perdit la vie.

On m'a reproché la perte du pont de Neuilly fort injustement. Ce fut même un des chefs d'accusation de la Commission exécutive contre moi. Mais le pont était perdu avant que je n'eusse pris effectivement la direction des opérations. Ce fut Bergeret qui le perdit, ainsi que l'établit sa lettre à la Commission exécutive, datée du 5 et insérée le 6 à l'*Officiel*.

Le plateau de Châtillon était au pouvoir des Versaillais dès le 4. Il avait été pris par le subterfuge prussien dont j'ai déjà parlé. Un bataillon d'infanterie s'avança, pendant la lutte, la crosse en l'air. Les gardes nationaux, confiants, se laissèrent approcher et à cent pas, reçurent le feu des Versaillais. On prétend, pour l'honneur des troupes de ligne que c'étaient des sergents de ville habillés en troupiers. Pour moi qui connais les troupes françaises, le fait ne mérite pas même d'être éclairci ; les soldats de 7 ans ne valent pas mieux que les sergents de ville, recrutés dans leurs rangs. 1500 prisonniers furent faits. Le général Pellé, qui commandait pour Versailles promit la vie sauve. Comme l'escorte ramenait ses prisonniers à Versailles, elle rencontra Vinoy, avec son état-major, qui arrivait selon sa coutume, après la bataille. N'ayant pu être brave, il était naturel qu'il fût féroce ; c'est ainsi qu'au mépris des engagements pris par le général Pellé, il fit fusiller sous ses yeux Duval, son chef d'état-major et un autre commandant.

Pour ce fait brillant, auquel le gouvernement voulut s'associer, M. Thiers rendit le décret suivant, cinq jours après :

Les ministres de la justice et de la guerre entendus ; considérant les anciens services de M. le général de division Vinoy et les services *récents* pendant et *depuis le siège de Paris*.

ARRÊTE :

Le général de division Vinoy est nommé grand chancelier de la Légion d'honneur.

A. THIERS.

Le ministre de la justice,   *Le ministre de la guerre,*
DUFAURE.   LEFLO.

Qu'avait à faire la justice en pareille matière ?

Chapitre III

LES GÉNÉRAUX FÉDÉRÉS

La position de Neuilly et le Bois de Boulogne. — Arrivée de Dombrowski. — Incapacité de Bergeret. — Le relèvement des troupes en ligne. — Nécessité de l'organisation. — Okolowitz à l'aile droite. — Le colonel Laporte à la Muette. — Eudes au centre. — La Cécilia, chef d'état-major. — Wroblesky à l'aile gauche. — La Garde Nationale en rase campagne.

La position de Chatillon et celle du Mont-Valérien constituaient les deux clefs de la première enceinte de Paris. Le pont de Neuilly n'avait pas grande importance, car avec les forces et les ressources dont disposait Versailles, Paris n'ayant ni artillerie de campagne, ni troupes organisées à lui opposer, il m'était difficile pour ne pas dire impossible d'empêcher un passage de la Seine de vive force entre Suresnes et Puteaux, ce qui du reste n'était pas nécessaire, puisque les ponts de Sèvres et de Saint-Cloud étaient à l'ennemi; et que, par ces deux ponts, il pouvait quand il voulait déboucher. Mais autre chose était de laisser passer la rivière ou laisser occuper le bois de Boulogne. Dans ce bois nous étions sur notre terrain et là les gardes nationaux soutenus par des mitrailleuses, avaient l'avantage sur les mauvaises troupes de Versailles qui cessaient d'être sous la protection de leur artillerie à longue portée. Aussi, exerçai-je une surveillance toute particulière sur ce mouvement. Malheureusement mon successeur n'y comprit rien et laissa occuper le bois sans seulement avoir l'air de s'en apercevoir. Il fit plus : il fit arrêter le colonel Laporte que j'avais chargé de surveiller cet important mouvement. La Commuue, si chatouilleuse à mon endroit, ne vit rien ou ne voulut rien voir. Je le demande au peuple : est-ce que cela n'a pas une forte ressemblance avec la trahison et l'ineptie ?

Le commandement de la place restait aux mains de Bergeret. Eudes commandait à Issy. En réalité, le premier ne faisait que parader, manger et envoyer des bulletins à la Commune où, comme Changarnier, il disait : « Mandataires du peuple, délibérez en paix ; je veille et pare à tout. » Comme il ne parait à rien du tout et entassait folies sur ineptics ; que, grâce à lui, la moitié de Neuilly était compromise, je le destituai et le remplaçai par Dombrowski.

Dombrowski m'offrit, pour la première fois, ses services, le 2 avril, à l'Hôtel de Ville, avant que je n'acceptasse le Ministère de la Guerre. Je le reçus très froidement et j'eus tort. Mes motifs étaient : 1° la connaissance pratique que j'ai acquise des Polonais, dans les diverses insurrections auxquelles j'ai assisté ; je les ai vus ambitieux sans limites, peu scrupuleux, et se dévorant les uns les autres, accaparant des grades dont ils ne savaient que faire ; tel le vieux Milbitz sous lequel j'ai servi en Italie ; 2° la répulsion instinctive que me fait éprouver tout solliciteur. C'est ainsi que j'opposai un refus formel aux sollicitations pressantes des membres les plus influents de la Commune en faveur de M. Lissagaray. Ils demandaient pour lui un commandement. Un commandement, pourquoi ? Pourquoi lui, plutôt que le dernier des gardes nationaux ? En quoi était-il plus qualifié pour commander que n'importe qui, n'ayant jamais servi ? Je trouvai ces sollicitations absolument impertinentes, coupables et outrageantes pour moi. Coupables, car, du moment qu'elles ne s'appuyaient pas sur une supériorité technique prouvée, cela revenait à dire: « Pour faire plaisir à ce Monsieur; pour satisfaire « son outrecuidante présomption, nous allons compro- « mettre l'existence des milliers de gardes nationaux « que nous vous prions de lui confier. »

Dans l'espèce, j'avais un autre grief contre M. Lissagaray : investi par M. Gambetta de hautes fonctions dans l'organisation des armées de l'Ouest, je me rappelais et sa nullité et la fameuse dépêche où il réclamait le traitement impérial de ses fonctions — 40 ou 50.000 francs, — et cela au moment où la France en était réduite à l'emprunt Morgan. Je ne voyais pas en lui l'étoffe d'un républicain, encore moins celle d'un communier.

En revanche, il avait les instincts du policier. Le 5 septembre, au café de Madrid, il m'aborda sans me connaître et me dit : « Je sais où se cachent des bonapartistes importants, allons les arrêter. » Je me contentai de lui répondre : « Je n'appartiens pas à la police et lui tournai les talons. » C'est la seule fois que je me sois rencontré avec ce Monsieur et si l'on m'avait consulté pour utiliser ses aptitudes, j'aurais dit : donnez-le à Rigault, mais moi, je ne sais qu'en faire.

Quelques jours après mon installation, Pyat, Delescluze et d'autres membres de la Commune vinrent m'entretenir de Dombrowski. J'avais chargé Rossel de prendre des informations. Il me rapporta un tas d'ordures. Faussaire, traître, que sais-je? Il y avait bien peu de vices qu'il n'eût. Cela me mit de son côté. Je pensai qu'un homme vilipendé avec un tel acharnement devait avoir quelque valeur. Je poursuivis l'enquête et j'appris qu'il avait été officier régulier, qu'il sortait d'une école militaire et qu'il avait déjà pratiqué, ce qui valait mieux, car la théorie sans pratique signifie peu. Quant au courage personnel, tous les Polonais sont braves.

J'étais donc en mesure de répondre favorablement à la démarche des membres de la Commune et je leur appris que j'avais résolu de remplacer Bergeret par Dombrowski; qu'il aurait des tiraillements pour commencer mais que je l'appuierais vigoureusement et que, s'il se montrait à la hauteur de sa position par son énergie et sa fermeté, il lui serait facile de s'en rendre maître. Au surplus, pour lui donner plus de force, je fis faire sa nomination par la Commission exécutive, quoique cette nomination fût essentiellement de mon ressort et non du sien.

Le 6 avril, la Commission exécutive fit paraître le décret suivant :

Considérant que les grades de généraux sont incompatibles avec l'organisation démocratique de la Garde Nationale et ne sauraient « être que *temporaires* ».

Art. 1ᵉʳ. — Le grade de général est supprimé.

Art. 2. — Le citoyen Jeroslas Dombrowski, commandant de la 12ᵉ légion, est nommé au commandement de la Place de Paris, en remplacement du citoyen Bergeret appelé à d'autres fonctions[1].

Paris, le 6 avril 1871.

La Commission Exécutive,

Cournet ; Delescluze ; Félix Pyat ; Tridon ; Ed. Vaillant ; Vermorel.

Le premier article m'avait été inspiré par la vue de ce qui s'était passé dans la guerre d'Amérique. En comparant ces poules mouillées de généraux de l'empire, quittant l'alcôve et l'antichambre pour aller rendre leur épée aux Allemands avec ces rustiques généraux américains, quittant leurs fermes pour venir combattre, puis retournant à leurs bœufs, la victoire gagnée, j'en étais arrivé à cette conclusion que le système américain valait mieux que le système français, qu'il était plus économique et plus efficace.

Ce ne fut pas une petite affaire que de débarrrasser la commune de Bergeret ; non que par lui-même Bergeret fût quelque chose, mais il y avait tout un nid de viveurs à la Place Vendôme. Tous farceurs, enchantés de bien vivre, monter à cheval, parader et ne rien faire. Ces gens formaient l'état-major de Bergeret et, sentant qu'ils devaient tomber avec lui, non seulement le défendaient, mais menaçaient d'un soulèvement de *Belle-*

[1] Il y a évidemment erreur de date, car Bergeret ne fut arrêté que le 7 au soir. Le 7, il était encore commandant de place.

ville, si on touchait à leur amphytrion. Cette menace et l'attitude ridicule de Bergeret à la revue du 7 déterminèrent mon action. Je me plaignis à la Commission exécutive qui envoya chercher Bergeret et l'arrêta le soir même.

Deux jours après, je formulais l'accusation devant la Commune qui maintint l'arrestation. Mes griefs furent les suivants :

1° Avoir, malgré mes ordres, marché sur Versailles, le 3 avril ;

2° Avoir compromis la défense, par la perte du pont de Neuilly, d'une partie de Neuilly et avoir couvert le tout par des bulletins mensongers ;

3° Avoir donné le mauvais exemple par une ostentation anti-républicaine ;

4° Avoir proféré ou laissé proférer des menaces contre la Commune dans le cas où on l'arrêterait.

J'insistai sur ce dernier point, suffisant à lui seul pour déterminer l'arrestation de tout homme qui pourrait, un seul moment, non pas soulever, mais seulement permettre d'agiter en son nom l'opinion.

Inutile d'ajouter que personne ne fit attention à l'arrestation de Bergeret. Mais, si on le laissa se diriger tranquillement sur Mazas, son état-major n'accepta pas aussi facilement son successeur. On monta contre celui-ci une cabale qui nécessita de la part de la Commission exécutive la proclamation suivante à la Garde-Nationale :

A la Garde Nationale.

Citoyens,

Nous apprenons que certaines inquiétudes persistent, dans la Garde Nationale, au sujet du citoyen Dombrowski, nommé commandant de place.

On lui reproche d'être étranger et inconnu de la population parisienne.

En effet le citoyen Dombrowski est Polonais.

Il a été élu chef principal de la dernière insurrection polonaise et a tenu tête à l'armée russe pendant plusieurs mois. (erreur.)

Il a été général sous les ordres de Garibaldi, qui l'estime tout particulièrement. (erreur.)

Dès qu'il devint commandant de l'armée des Vosges, le premier soin de Garibaldi fut de demander le concours du citoyen Dombrowski. (erreur.)

Trochu refusa de le laisser partir de Paris et le fit même incarcérer.

Le citoyen Dombrowski a également fait la guerre du Caucase, où il défendait, comme ici, l'indépendance d'une nation menacée par un ennemi implacable. » (erreur : il servait dans l'armée russe.)

Le citoyen Dombrowski est donc incontestablement un homme de guerre et un soldat dévoué de la République Universelle.

La Commission Exécutive de la Commune.

Cette proclamation de la Commission exécutive est un tissu d'erreurs.

Dombrowski ne fut pas mis à la tête de l'insurrection polonaise.

Il ne fut pas général sous Garibaldi, ni ne prit part à la guerre. Il faisait partie des cadres de l'armée de Miroflowski qui aurait pris part à la guerre si la paix ne l'avait terminée. Peut-être fut-il un des capitaines polonais que Milbitz, vers la fin de la campagne, avait auprès de lui, mais sans troupes. Cependant, je les connaissais tous et ne me rappelle nullement Dombrowski. Lui-même ne m'a jamais parlé de cette campagne comme y ayant pris part, ce qu'il n'eût pas manqué de faire sachant que j'y avais pris une part active.

Quant à la guerre du Caucase, c'est dans les rangs de l'armée russe, et non ailleurs, qu'il y prit part. Sauf ces erreurs le reste était vrai. Dombrowki était Polonais.

Dombrowski au physique était petit, maigre et blond. Ses traits, qui dénotaient la ruse et l'énergie étaient loin d'être beaux. Quant à la seconde de ces aptitudes il l'avait poussée aux dernières limites. Dans ma longue pratique d'hommes dont le métier était d'être énergique j'en ai peu rencontré d'aussi braves que lui.

Dombrowski, comme je l'ai dit, avait été nommé par moi au commandement de la place de Paris, mais cette situation convenant peu à ses aptitudes, il s'en affranchit vite, pour se consacrer tout entier à la défense de Neuilly et là il accomplit des merveilles. Avec 1335 hommes, maximum de l'effectif que je lui confiai, ayant reconnu que plus il avait d'hommes, moins il savait s'en servir, il tint en échec tout le 1ᵉʳ corps d'armée du général Ladmirault qui, de l'aveu même de Mac-Mahon, constaté dans son rapport officiel, renouvelait tous les quatre jours la division envoyée pour combattre à Neuilly. Or, une division, c'est au minimum 10.000 hommes. Pauvre armée française et pauvres généraux ! Si nous avions eu cette machine dans nos mains, comme nous eussions balayé les Prussiens, mais après avoir balayé les généraux français !

Au bout de quelques jours, tranquille sur Neuilly, je n'y fis plus attention. Je savais qu'il ne serait jamais pris. Dombrowski lui même, dans les derniers temps, s'en rapportait à ses lieutenants, entr'autres au brave colonel Fary le meilleur de ses élèves, avec Mathieu. Je me contentai de commander, *chaque fois qu'on le pouvait*, 3,000 hommes, effectif nécessaire pour avoir 1,300 combattants. Malheureusement, ce n'était pas tous les quatre jours comme les Versaillais que je pouvais renouveler cette poignée de braves gens. Ils restaient 10, 12 et 15 jours aux avant-postes. A Issy ils demeurèrent 15 jours.

On me demandera pourquoi je ne pouvais relever plus souvent. La raison en est bien simple. Il fallait, avant tout, créer une force organisée capable d'un service régulier, parce que la journée du 3 avril avait, comme je l'ai dit, désorganisé complétement la Garde Nationale. Je sais que les touche-à-tout de la presse, morveux qui, sortant des bras de leur nourrice, acquièrent par le fait seul de tremper une plume dans l'encre la science universelle, et déraisonnent sur tout, ont prétendu qu'il existait une organisation de la Garde Nationale, mais cela n'était pas. Pas plus, que ce qu'insérait le *Cri du Peuple* du 1er avril sous la signature Verlet.

« L'armée tout entière est acquise à notre cause ; elle
« hait et méprise les capitulards. »

« Nous avons vu des compagnies entières dirigées sur
« Versailles marcher la crosse en l'air. Nous les avons

« entendus crier : « Nous ne tirerons pas sur les Parisiens. »

Et il terminait en disant :

« La province entière est avec la Commune. »

Tout cela était faux, archi-faux et les événements ne tardèrent pas à le prouver.

Ce système de tromper le peuple pour le servir, emprunté à nos ennemis, est détestable à tous les points de vue, sans parler de la morale, principe classé maintenant « vieux jeu » ; au point de vue pratique, il décourage doublement lorsque la vérité se fait jour. Et toujours elle apparaît.

Incapable d'apprécier par lui-même les bienfaits d'une organisation méthodique et rationnelle sans laquelle les forces s'éparpillent en pure perte, le peuple gobe les pompeux clichés révolutionnaires et ne s'aperçoit pas que ce qui était vrai il y a 50 ans, avec les armes à âme lisse, ne l'est plus avec les armes se chargeant par la culasse.

Il ne voit pas que les braillards réclamant la levée en masse et ceux qui la mettent à exécution, comme Gambetta, mettent le prolétaire exactement dans la même position que les Jacques armés de bâton vis-à-vis de leurs seigneurs armés de pied en cap ; même chose en Irlande, en 1867, où les fénians, armés de leur shillelah attaquaient aussi bêtement qu'héroïquement les postes en pierre à créneaux ferrés, d'où les constables armées de rifles les abattaient commes des pigeons sans courir aucun risque.

L'organisation est la cuirasse du peuple. C'est cette cuirasse dont j'essayais de le couvrir pour rendre la partie égale entre lui et ses tourmenteurs.

En politique, le Comité Central l'en avait pourvu et il devait être à même d'en apprécier les bons offices. Mais cette organisation, au point de vue militaire, était totalement nulle. Bonne pour un coup de main, elle ne pouvait se prêter à une action de longue haleine. J'étais donc obligé de réorganiser avant tout ; or, chaque fois que je prenais 3,000 hommes dans un arrondissement pour les envoyer quelque part' à l'instant même les réclamations surgissaient de tous côtés, et l'organisation interrompue me faisait entrevoir une perte de temps, plus préjudiciable à la défense que les plaintes fondées des pauvres diables, un peu sacrifiés, je le reconnais, mais après tout, sacrifiés pour la défense commune.

L'extrême droite de la défense confiée d'abord au frère de Dombrowski lui fut retirée pour être remise à Okolowitz qu'on a représenté à tort comme un Polonais. Okolowitz n'était pas plus Polonais que La Cecilia n'était Italien. Tous les deux étaient Français. Je donne cette explication uniquement comme renseignement et non comme apologie. Ils eussent été chinois ou marocains que cela m'eût été absolument indifférent. Les principes n'ont pas de patrie. Qui les adopte est digne de les servir. Et qui les sert loyalement est digne du respect de l'humanité, la grande patrie commune.

De celle-là nous sommes les chauvins ; chauvins fiers, ombrageux, jaloux, toujours prêts au sacrifice, toujours prêts à la lutte pour l'établir grande et forte sur la base inébranlable des principes éternels de justice et de liberté.

D'Okolowitz, que je connais fort peu, je ne dirai que ceci : d'une bravoure à toute épreuve il sut parfaitement maintenir la position qui lui fut confiée et garder l'espace compris entre Saint-Ouen et la droite de Dombrowski.

A la gauche de Dombrowski, se trouvait la porte Maillot qui combattait pour son compte. Là il n'y avait qu'une batterie d'artillerie, dite la Marseillaise, dont le capitaine s'appelait, je crois, Monteil — ne pas confondre avec le chef de légion — batterie héroïque, plus noire, plus bronzée que ses canons, recrutée je ne sais où et offrant un salmigondis d'enfants, de vieillards, de marins, de civils, le tout mû par un triple lien : l'amour de la liberté, celui de leurs pièces avec lesquelles ils couchaient et le mépris de la mort. Pointeurs excellents.

J'avais plaisir à aller les voir et si j'avais eu des loisirs, je les aurais volontiers dépensés avec eux. J'ai toujours eu un faible pour tirailler. Cela tient probablement à l'arme dans laquelle j'ai servi. A Cross-Keys, je pointai le premier obusier qui coupa le mouvement de Jackson sur le centre, et quand je visite une batterie j'ai de grandes chances d'y rester une heure quand je n'ai que 10 minutes à dépenser.

A la gauche de la Porte Maillot était le commandement de la Muette qui allait jusqu'au Point-du-Jour. Ce commandement était exercé par un vieux colonel de la Garde Nationale du nom de Laporte. Ce vieux brave était très actif. C'était lui qui surveillait le mouvement de l'ennemi sur le bois de Boulogne. La nuit il se déguisait en buisson et, ainsi transformé en feuillage, explorait les rives de la Seine. Il me tenait au courant et jamais ses rapports importants ne sortaient de mes mains. Jamais ils ne furent démentis et Laporte surveillant l'ennemi était lui-même surveillé. Plus tard, toute la défense de droite du Point-du-Jour à Saint-Ouen, forma un seul commandement dont le titulaire fut Dombrowski. Je fus entraîné à prendre cette mesure par l'opinion publique qui, d'hostile était devenue enthousiaste pour ce général. Elle confondait comme toujours les qualités brillantes du général capable de commander une brigade, tout au plus une division, avec celles nécessaires à un général en chef. Dombrowski, comme général, embrassant un vaste commandement, était au-dessous de la médiocrité. Sa spécialité était de voir et de bien voir un point déterminé. Là, il était très brillant et très sûr. Du reste, son âge et son peu de services militaires ne lui permettaient pas d'avoir l'expérience nécessaire aux grands commandements. Il se fût vite formé, car la nature avait beaucoup fait pour lui.

Au centre, Eudes commandait.

Là était mon épine dans le pied.

Dès les premiers jours je lui donnai La Cecilia comme chef d'état-major. Mais La Cecilia, conciliant, méthodique, ne voulait rien briser et se consumait en efforts impuissants pour mettre de l'ordre dans l'infernal chaos que lui avait légué son général après la déroute du 3 avril. Plus tard, hélas ! trop tard, La Cecilia prit le commandement du Centre. Jamais preuve fut plus convaincante de la nécessité d'avoir des hommes du métier ne s'offrit à l'observation. Les forts d'Issy et de Vanves appuyés sur les villages du même nom, adossés eux-mêmes aux remparts et protégés par des tranchées faites sous le premier siège, constituaient une position inattaquable. Les forts pouvaient être démantelés, les villages brûlés, mais pris, jamais. Et cela devait demander plusieurs mois. Je prodiguai les hommes à cette partie de la défense. Eudes et son successeur, après lui Wetzel ne purent jamais les forcer à servir. — Les cabarets d'Issy regorgeaient d'hommes hébétés par l'ivresse ; Ferrat était le type de cette espèce.

La défense du Centre nécessitait 3.500 hommes; mais, pour les avoir, j'étais obligé d'en commander plus de 10.000.

Si j'avais eu là un général à poigne, connaissant bien son métier et puisant dans cette connaissance l'autorité nécessaire à se faire obéir, ces 3.500 hommes eussent largement suffi et je pouvais, en prenant dans chaque arrondissement une fraction de l'effectif, les renouveler tous les 4 jours, sans arrêter l'organisation : mais 10.000 hommes pour garnir les cabarets d'Issy ! Impossible.

D'où nécessité, comme je viens de le dire, de ne relever que de loin en loin.

La 10ᵉ légion y resta 15 jours, ce qui fait que son organisation ne fut jamais complétée.

A gauche était Wroblowski, le meilleur des généraux de la Commune après Dombrowski et La Cecilia. De celui-là je n'eus pas à m'occuper. Il connaissait suffisamment son métier et quoique ayant moins de ressources encore que les autres, il parait à tout sans jamais m'importuner, comme ses collègues, de jérémiades inutiles, marque certaine de faiblesse dans le commandement. Un chef qui demande deux fois de suite des renforts est pour moi jugé. Une seule fois Wroblowski me demanda de la cavalerie et il avait raison : c'était le seul qui en eût besoin, mais je n'en avais pas et ne pus lui en envoyer.

Telle était la disposition des forces de la Commune quand les attaques de l'ennemi s'accentuèrent contre le centre. Nous allons voir ce qu'elles produisirent. Mais que le lecteur sache, une fois pour toutes, que dans les plus grands moments de crise, je n'employai jamais plus de 6,000 à 6,500 hommes pour la défense totale de Paris, de Saint-Denis à Charenton. Mes réserves, plus nombreuses, ne furent jamais employées. Si elles marchèrent, la nuit de la grande attaque, contre Vanves et Issy, ce fut par simple mesure de précaution. Elles ne prirent pas part à l'action. Les militaires — j'entends ceux qui ont étudié — comprendront mon système. Je commandais à des gardes nationaux, bons derrière une barricade, supportables pour enlever une position, déplorables en rase campagne, non pas par leur faute, mais par celle de leurs officiers. J'avais donc réduit ma défense à des têtes de colonne, paralysant ainsi la supériorité numérique de mon adversaire. Si je n'avais pas été arrêté, ou si j'avais eu des successeurs capables de me comprendre et de me continuer, j'aurais réduit de moitié le nombre des défenseurs de Paris en substituant les machines aux hommes, ce que j'étais en train de faire. Dans ce cas, 4,000 à 4,500 hommes pouvaient suffire à la défense totale. Je reviendrai sur ce sujet.

Chapitre IV

LES COMBATS DU 5 AVRIL

La prudence des Versaillais. — Mon système de défense et les têtes de colonne. — Pas d'indifférence : du sang-froid ! — Projet d'assaut. — La trahison à Issy. — L'attaque du pont de Neuilly. — Les dépêches de Thiers et la vérité. — Les balles à pointe d'acier. — Lettre d'un soldat versaillais. — L'archevêque Darboy à Thiers.

A partir du 5 au soir, les attaques de nuit ne discontinuèrent pas contre les forts d'Issy et de Vanves.

Trois ou quatre de ces attaques furent réellement très sérieuses, entre autres celles des 5, 9, 11 et 13 avril.

Quand je dis sérieuses, j'entends seulement parler de l'artillerie, car pour l'infanterie, jamais elle ne dépassa les limites d'une prudente réserve. Je m'attendais à chaque instant à voir déboucher les chasseurs à pied. Je les ai connus bons, solides à toute épreuve. Je les ai commandés en Crimée, en Afrique. Mon cœur se serra voyant la mollesse de l'infanterie française. Je compris qu'étant mous, ils seraient féroces. — Rien, absolument rien ; ils ne pouvaient pas même enlever une méchante tranchée. — Qu'ils eussent pu s'y maintenir, c'était autre chose ! mais on y va au moins. Nous y allions bien en Crimée. Eh ! quoi, me disais-je, est-ce là cette armée dans laquelle j'ai été 18 ans officier! Cette armée dans laquelle mon père, mon grand-père ont commandé et qu'ils m'ont appris de confiance à admirer. L'Empire a-t-il à ce point démoralisé la France qu'il n'y ait pas même laissé de quoi faire des soldats? Des généraux, passe, mais des soldats ! La France n'en a jamais manqué. Elle en manquait pourtant. A moins que l'émotion, le dégoût bien légitime inspiré par une pareille lutte n'ait été cause de l'indicible faiblesse que j'avais sous les yeux. Mais dans ce cas, on refuse carrément d'assassiner ses concitoyens ou de se laisser tuer par eux. Non, ces gens étaient lâches ; lâches, ils furent féroces, c'est logique. Ce qu'ils méritaient c'étaient des coups de cravache, non des coups de canon.

Dès que je les eus vus à l'œuvre une fois, une seule, cela me suffit. Le secret des victoires prussiennes me fut révélé et je compris que je n'avais rien à craindre d'une attaque de vive force, mais tout à redouter s'ils triomphaient par trahison, lassitude, division ou autre cause. — Aussi, rassuré de ce côté, mon plan de campagne fut-il des plus simples : opposer, comme je l'ai dit, des têtes de colonne abritées par des obstacles et derrière ces têtes de colonne former une armée, l'organiser, la discipliner, la remettre en confiance en l'épargnant par la substitution des machines, mitrailleuses, barricades mobiles et wagons blindés aux poitrines humaines. Former une seconde enceinte pendant que la première s'émietterait sous l'artillerie ennemie, tellement supérieure comme calibre et effectif qu'il m'était impossible de lutter avec elle ; puis, lorsque la France, lasse de cette lutte, lorsque les Versaillais fatigués et découragés montreraient des symptômes d'hésitation, lancer alors cette masse de Garde Nationale excitée et irritée sur un objectif à courte distance, et surtout avoir en main une forte réserve fraîche pour profiter du succès et le développer dans toute l'étendue possible, tâcher, en un mot, de réparer la faute commise le 18 Mars. Si le succès militaire ne répondait pas aux efforts de la Garde Nationale, il lui restait sa deuxième enceinte bien autrement forte que la première, car l'artillerie à longue portée des Versaillais devenait dans ce cas de nul effet, à moins qu'ils ne se résolussent à démolir Paris eux-mêmes. Dans ce cas, nous succombions... peut-être ? — car cela eût demandé beaucoup de temps, mais Paris succombait avec nous. Tout l'odieux retombait sur Versailles et la France ne l'eût pas enduré. Et puis, des *bourgeois* bombardant *leurs* propriétés ! Tuer, passe, mais détruire ! Ah ! j'étais bien tranquille. La France serait enfin sortie de sa léthargie et à son tour elle se fût insurgée contre Versailles et nous eussions eu alors les Communes Fédérées de France comme gouvernement, c'est-à-dire la vraie République fondée sur la seule base républicaine sérieuse, l'affranchissement du travail par celui des Communes.

Qu'on s'y prenne comme on voudra, il n'y a pas de liberté politique sans liberté sociale. La base de toute liberté est celle du travail, laquelle repose sur la garantie individuelle par l'affranchissement de la Commune. Voilà pourquoi toutes mes aspirations, comme tout mon programme, se résument en un mot : *la Commune affranchie*. Avec cela nous aurons le reste.

Derrière cette seconde enceinte, on en eût construit une troisième puis une quatrième, forçant ainsi Versailles à retirer ses soldats pour canonner ou à cesser de canonner pour laisser agir ses soldats. Dans le premier cas, j'ai dit ce que produirait la destruction de Paris et, dans le second, un combat de rues, méthodiquement engagé, méthodiquement pourvu et conduit rationnellement, c'était la destruction des Versaillais. Je n'en veux pour preuve que les 1,300 hommes de Dombrowoski tenant deux mois en échec tout le 1er corps d'armée à Neuilly.

Les sept jours de résistance d'une poignée de malheureux sans chefs et sans munitions contre plus de cent mille hommes pourvus de tout, prouvent surabondamment ce que j'avance. Jamais, si la Commune n'eût elle-même, livré Paris à Versailles par son incroyable incurie, jamais Paris n'eût été pris.

Une fois renseigné sur la valeur des soldats de Versailles, je fus, comme je l'ai dit, très tranquille. Là est tout le secret de mon sang-froid, de ma nonchalance ou de mon indifférence, suivant le goût ou l'urbanité de mes détracteurs.

Je n'ai pas aimé passionnément mon métier, je ne l'ai pas étudié, professé, puis pratiqué, pendant 30 ans, pendant toutes les luttes de ma génération en France, dans les guerres insurrectionnelles, en Afrique, en Crimée, en Italie, en Amérique, je n'ai pas gagné mes grades péniblement, un à un, à la pointe de mon sabre, malgré tous — car je n'ai jamais eu d'autre protecteur que moi-même, — sans avoir rien appris. A défaut d'autres qualités, j'ai une grande expérience pratique. Je peux suivre à peu près toutes les péripéties d'une action, étant connu l'échiquier, sans y assister. C'était le cas à Issy. Sans quitter la fenêtre du Ministère, je suivais exactement les progrès de l'action par le bruit, et quand les ordonnances revenaient apporter les nouvelles, ils ne faisaient que confirmer ce que j'avais dit à ceux qui m'entouraient.

Alors, tout ce qui, un instant auparavant, était effaré, — pour rester poli, — les plus braillards en général, affluaient au Ministère, qui pour s'enquérir, qui pour me congratuler, qui pour glaner de quoi faire du volume dans les clubs. Furieux de ne pouvoir me trouver ou de ne pouvoir m'arracher que des monosyllabes révélant l'ennui qu'ils me faisaient éprouver, ils allaient partout disant que j'étais allé me coucher, ou que j'étais indifférent, manquant à tous mes devoirs en ne partageant pas leur émotion.

Règle générale : si vous voulez passer pour brave, soyez poltron avec les poltrons. Un poltron ne vous pardonne jamais de l'avoir surpris en flagrant délit de couardise ; et que j'en ai vus de ces braves clubistes, palpitants d'émotion sous le canon !

Or, il n'a été jamais dans mon caractère de condescendre à feindre d'estimer ce que je n'estime pas ; pas plus qu'à perdre mon temps par convenance. Une fois édifié sur la marche d'une attaque, je m'occupais d'autre chose et généralement sortais ou feignais de sortir pour éviter les « gâteux ». Peut-être leur disait-on que je dormais, c'est bien possible, mais j'affirme que, à part une seule fois où, malade, je me couchai à dix heures et demi, je ne me suis jamais couché avant deux heures et demie du matin et j'ai toujours été levé avant cinq heures. Or, pas un seul officier de mon état-major ne tenait passé minuit et ne venait avant six heures. Rossel lui-même, qui ne manquait pas de vigueur, se retirait à minuit et ne revenait qu'à sept heures du matin. Je parle de la période où il était zélé et travaillait sérieusement.

J'ai cru devoir donner ces explications au peuple dont seul je relève et pour qu'il soit à même de juger des accusations portées contre moi. Quant à descendre à des explications vis à-vis de mes détracteurs, soit de la Commune, soit de Versailles, jamais ! Qu'il m'eût été facile, utilisant mes connaissances militaires au point de vue charlatanesque, de me faire une popularité contre laquelle nul n'eût pu lutter ! Je n'en eus pas même la pensée, car si je ne respecte pas beaucoup les individualités, j'ai du moins le profond respect de moi-même. Une action vile ne me paierait jamais de ses dégoûts.

Ce qui prouve surabondamment que l'intention des généraux de Versailles était bien de donner l'assaut et qu'ils n'y renoncèrent que parce que, trop prudents pour enlever leurs troupes, celles-ci ne s'enlevèrent pas toutes seules, c'est qu'ils s'étaient préalablement assuré des intelligences dans la place. On trouva, le matin qui suivit la grande attaque du 9 ou du 11, — je ne me rappelle plus exactement les dates, toutes les poternes du fort d'Issy ouvertes, les serrures forcées, les gonds sciés, les vis enlevées. J'ai payé moi-même le serrurier qui a réparé ces dégâts.

De plus, la brèche faite par les Prussiens ne fut jamais réparée. Et si je ne la fis pas réparer, c'est que je jugeais les Versaillais incapables d'en profiter.

Ainsi les moyens d'entrer dans le fort ne manquaient pas plus que la volonté. Ce qui manqua à Mac-Mahon et Vinoy, ce fut le courage. On comprend dès lors pourquoi Mac-Mahon saute par dessus cette période désagréable et commence seulement le récit de ses opérations le 11 avril. Chacune de ses attaques coûta beaucoup de monde aux Versaillais, car on voyait encore, au jour, défiler les ambulances et les brancards qui emportaient morts et blessés.

Mac-Mahon n'était plus le général montant à l'assaut de Malakoff et cherchant à gagner son bâton de maréchal. Il avait vieilli et n'était plus que ce maréchal de l'empire vain et débauché, laissant ses bagages aux mains des Prussiens qui y trouvèrent des toilettes de bal de Madame, beaucoup de champagne et des gravures *obscènes*. Tout l'empire était là : fanfaronnade, frivolité et débauche.

Quant à Vinoy, toujours le même, il jouait les hyènes et marchaient à la queue des colonnes pour assassiner. Exemples : 2 décembre, 18 mars et 4 avril.

Et l'on s'étonnerait que de tels généraux aient préféré la prison en Allemagne à la victoire dans la tombe! Allons donc, la mort est trop froide et le champagne trop pétillant !

Pouah ! les sales gens !

Dans ces différentes attaques nos pertes furent minimes, très minimes, ce qui s'explique, mes hommes combattant à l'abri.

Du côté de Neuilly les attaques se multipliaient de plus en plus furieuses et non sans quelque succès au début.

Le 6 avril, M. Thiers envoyait la dépêche suivante aux préfets.

6 avril.

Chef du pouvoir Exécutif à Préfets etc...

« Hier, le régiment de gendarmerie et la brigade Besson
« ont enlevé Courbevoie, caserne et ville. Aujourd'hui la
« division Montaudon, habilement et énergiquement dirigée
« par son chef, parfaitement aidée des troupes du génie, a
« enlevé le pont de Neuilly, défendu par un ouvrage des
« plus considérables. *L'entrain des troupes a été extraordi-*
« *naire*. Le général Montaudon a été blessé légèrement,
« mais le général Péchat très grièvement. Les insurgés ont
« fait des pertes immenses. Cette journée sera décisive par
« l'importance de la position que l'on vient de conquérir. »

A. THIERS.

A l'Assemblée Nationale, M. Picard lit un télégramme annonçant que

Les opérations militaires engagées au pont de Neuilly ont pleinement réussi. La barricade a été enlevée ; les pertes sont sérieuses. Le général Montaudon blessé dit qu'on est maître de la position.

On travaille actuellement à rétablir la tête du pont de Neuilly. Les troupes montrent beaucoup de bravoure. Le général Besson a été tué. Le ministre ajoute que l'Assemblée *voudra exprimer sa gratitude à l'armée pour son héroïque vaillance* (*Applaudissements.*)

(Agence télégraphique Havas, Versailles 7 avril.)

Voici comment le *Cri du Peuple* raconte la mort général Besson :

« Il remontait la grande rue qui aboutit à la Porte des Ternes lorsqu'en levant les yeux il aperçut à une fenêtre d'un second étage un fédéré en uniforme d'infanterie de marine qui l'ajustait.

— Passe-moi ton fusil, crie-t-il en étendant le bras, à un soldat placé un peu en arrière et à droite de lui, — que je le descende, ce gredin-là !

« A peine avait-il prononcé ces mots qu'une balle lui traversait la poitrine de droite à gauche, et le jetait tout sanglant sur le pavé.

Quelques instant après il expirait.

Il y avait effectivement un gredin de descendu. »

M. Thiers se trompait dans ses appréciations : 1° nos pertes étaient minimes ; sauf la perte du colonel Bourgoing, il n'y eut aucun officier supérieur de tué et le nombre d'hommes mis hors de combat ne dépassa pas cinquante en tout, tant tués que blessés ; 2° loin d'être décisive par l'importance de la situation, la prise du pont de Neuilly ne fut d'aucune utilité aux Versaillais, ainsi que le prouvèrent les évènements. Neuilly ne fut jamais pris et ce n'est pas par le pont de Neuilly que les Versaillais débouchèrent pour occuper le bois de Boulogne.

Quant à la rive gauche, il n'entra jamais dans mes plans de l'occuper sérieusement ; 1° parce que je n'avais pas d'hommes capables de tenir, soit en rase campagne soit hors de protection du canon des remparts ; 2° parce que cette occupation m'aurait pris beaucoup plus de monde que la Garde Nationale ne pouvait m'en fournir dans son état de démoralisation et de désorganisation. Je n'eus jamais que des grands gardes sur la rive gauche.

Je n'irai pas plus loin sans signaler un fait que M. Thiers nie, mais que j'affirme avec 20 mille témoins derrière moi. Dès le début des hostilités, Versailles employa des balles à pointes d'acier. J'en ai ramassées plusieurs que j'ai exposées au Ministère de la Guerre. J'en ai encore une, et les gardes nationaux en avaient presque tous en revenant des avant-postes. On a aussi employé des balles explosibles dont plusieurs ont été ramassées au fort de Vanves.

Ainsi ces engins mortels que l'humanité avait fait exclure des guerres internationales, que les bourgeois trouvaient trop meurtrières contre les Prussiens, ils les trouvaient assez doux contre des Français ! Il est vra que les Français n'étaient que des travailleurs.

Tout cela est logique : c'est la guerre *sociale*, commencée en 92, qui continue sous différents aspects, mais sans trêve ni merci : tuer ou être tué; *To be or not to be*.

Ne vient-on pas de voir le jury bourgeois de Seine-et-Oise acquitter quatorze fermiers qui, par lucre, ont approvisionné les Prussiens pendant le siège, tandis qu'au chef-lieu de ce même département on condamnait à mort et exécutait trois hommes coupables d'avoir trop aimé leur patrie et la liberté [1] ?

---

[1] Le 8 septembre 1870, M. Poirier, adjoint au maire du XIme arrondissement, écrivait officiellement au ministre de l'intérieur : « M. Darblay, maire de Corbeil, nommé par l'Empire et conservé par la République, s'est entendu avec une partie *des propriétaires pour empêcher toute défense*, et il est décidé à subir, et même à offrir une certaine somme d'argent pour garantir la ville *et surtout les approvisionnements en grain et farine qui sont considérables.*

Spuller transmit la lettre au préfet de police Kératry qui la fit parvenir au ministre du commerce, M. Magnin, lequel la retourna

Est-ce que Wimpfen et Mac-Mahon, capitulards de Sedan ; est-ce que Bazaine et Canrobert, capitulards de Metz ne se promènent pas tranquillement dans Paris ?

C'en est fait, travailleurs, et la démonstration est concluante pour les moins clairvoyants. La loi faite par les bourgeois est faite pour eux contre vous. Un bourgeois vend à l'ennemi, l'aide ainsi à tuer des Français. Il y a gain, donc chose licite. Vous vous soulevez indignés, réclamant votre part de l'héritage commun, prêt à défendre le tout au péril de votre vie. Par là, vous vous soustrayez à l'exploitation bourgeoise. Il y a perte, donc crime abominable, nécessitant une sanglante répression. Toute la morale, toute la philosophie de notre époque est là.

La lettre ci-jointe, dont la naïveté sincère n'échappera à personne, donnera une idée de la moralité de

écrivant au bas de sa main : « *Mon avis est qu'il n'y a rien à faire.* » signé Magnin.

On sait le reste, les approvisionnements qui rentrés dans Paris eussent prolongé la résistance servirent au contraire à l'attaque. M. Darblay et les autres *propriétaires* traitèrent avantageusement et gracieusement avec les Prussiens.

Sur ce terrain ils étaient bien chez eux, dans leur vraie patrie, le sac. Et cette opinion était et *est* encore tellement celle de toute sa classe, qu'après la guerre traduits devant la cour pour ce crime, cependant si nettement défini par le code, ils furent acquittés haut la main. Tant les mœurs ont le pas sur la loi, tant soient-elles en arrière.

Je crois superflu d'ajouter quoi que ce soit à cette démonstration si péremptoire du principe que j'avance : *il faut supprimer la bourgeoisie comme mesure de salut public.*

Nous eussions, nous, déménagé sans permission les approvisionnements et rasé la ville en cas d'observation.

la lutte. Elle est écrite par un simple soldat de l'armée versaillaise :

« ... Nous sommes allés, le 6 avril, *soulever* le pont de
« Neuilly aux insurgés ; nous les avons *attrapés* à la
« baïonnette...

« ... Nous avons *pillé* les maisons où ils se trouvaient ;
« nous avons trouvé du vin de champagne, du vin bouché,
« du cognac, de l'absinthe, du kirsch ; il y en a parmi les
« nôtres qui se sont soûlés. Il fallait les voir comme ils
« marchaient ; tous ceux qu'ils attrapaient *passaient l'arme*
« *à gauche !*

« Nous sommes repartis, le 15, pour Neuilly nous battre
« encore avec les insurgés. Nous nous sommes battus
« pendant cinq jours et quatre nuits ; la fusillade ne
« cessait pas ; notre régiment et la légion étrangère, qui
« était avec nous, nous avons perdu beaucoup de monde ;
« le caporal B..., qui est de Meung a été tué.. ; nous leur
« avons donné une roulée ; nous en avons pris un qui était
« couché sur un matelas, dans un château, nous l'avons
« fait lever et nous l'avons fusillé *sur le champ*.

« Dans la rue de Longchamps, une demoiselle de 17 ans,
« qui passait avec sa mère, a eu la tête emportée par un
« éclat d'obus ; la mère a été blessée.

« Nous avons pris aux insurgés une pièce de canon de
« 12 ; nous l'avons emmenée à Versailles, musique en
« tête.

« Nous sommes allés chez M. Thiers et Mac-Mahon ; ils
« nous ont donné 300 francs. »

(National du Loiret.)

Eh ! bien qu'en pense M. Verlet ? cela se passait 5 jours après sa déclaration dans le *Cri du Peuple* que l'armée était à nous !

Néanmoins, les horreurs commises par les Versaillais

ne passèrent pas sans soulever de généreuses protestations même de la part du clergé de Paris. Son chef, M#gr# Darboy écrivait à Thiers :

« Des personnes m'ont assuré que des actes barbares
« avaient été commis contre des gardes nationaux par
« divers corps de l'armée dans les derniers combats ; on
« aurait fusillé les prisonniers et achevé les blessés sur le
« champ de bataille. *Ces personnes,* voyant combien
« j'hésitais à croire que de tels faits avaient été exercés
« par des Français contre des Français, *m'ont dit ne parler*
« *que d'après des renseignements certains.*

« Je pars de là, monsieur le président, pour appeler votre
« attention sur un fait aussi grave qui, peut-être, ne vous
« est pas connu et pour vous prier instamment de voir ce
« qu'il y aurait à faire dans ces conjonctures si doulou-
« reuses. Si une enquête forçait à dire qu'en effet d'atroces
« excès ont ajouté à l'horreur de nos discordes fratricides,
« ils ne seraient certainement que le résultat d'entraîne-
« ments particuliers et tout individuels. Néanmoins, il est
« possible peut-être, d'en prévenir le retour et j'ai pensé
« que vous pouvez, plus que personne, prendre à ce sujet
« *des mesures efficaces.* »

M. Deguerry, le curé de la Madeleine, tenait un langage analogue au gouvernement de Versailles. Voici un passage de sa lettre :

Paris, 7 avril 1871.

« A Messieurs les Membres du gouvernement de Versailles. »

« De mon libre consentement et sous l'inspiration de
« ma conscience, je viens vous *demander avec instance*
« *d'empêcher toutes les exécutions, soit de blessés, soit de pri-*
« *sonniers.*

« Ces exécutions soulèvent de grandes colères à Paris et
« peuvent y produire de terribles représailles. »

H. Deguerry.
Curé de la Madeleine.

« Je crois devoir vous déclarer que j'ai conçu et écrit
« cette lettre sans aucune pression, mais, comme je l'ai
« dit au commencement, de mon libre mouvement. » H. D.

Si ce sont là les relations que R. Rigault reprochait à l'archevêque d'entretenir avec Versailles ; il faut avouer qu'elles étaient d'un caractère très peu dangereux.

Nul n'a plus souffert des prêtres que moi. Ce sont eux qui, à Lyon, Marseille, Paris, me suivant pas à pas, se sont acharnés sur moi. Il n'est pas une des calomnies grossières employées à mon égard dont je n'aie pu, en suivant la trace, découvrir l'origine cléricale ; à Lyon, c'est la *Décentralisation* et le *Salut public*, journaux cléricaux. A Marseille, je suis accusé en pleine Bourse d'avoir volé la caisse de la Garde Nationale, caisse que je n'avais ni vue, ni touchée et qui était intacte. Des témoins dressent immédiatement procès-verbal : je porte plainte au procureur de la République ; le calomniateur se trouve être un affilié de la mission de France... etc., etc. ; et ce sont ces atteintes personnelles qui me feraient toucher au principe sacré de la liberté de conscience et m'engageraient à justifier l'assassinat de gens par cela seul qu'ils ne pensent pas comme moi, ne s'habillent pas de la même façon et ont une morale plus relâchée que la mienne ? Allons donc ! C'est œuvre de gamins et non d'hommes politiques.

Chapitre V

BOMBARDEMENT DE PARIS

Récit d'un journal versaillais. — Massacre d'innocents. — Les officiers d'Afrique. — Souvenirs de Crimée. — Mac-Mahon contre Dombrowski. — Tableau de Paris. — Les zouaves pontificaux. — Prise du château de Bécon. — Aux avant-postes.

Versailles, croyant effrayer Paris, continuait à le bombarder, faisant force victimes et surtout causant de grands dégâts. Voici deux passages du *Siècle* du 10 et du 11 avril, qui donnent une idée des effets produits :

« Un des premiers obus lancés le matin a éclaté sur
« les fortifications mêmes, où il tua cinq gardes nationaux
« dont un capitaine. C'est la plus horrible de toutes les
« guerres, la guerre civile ; mais *ce qui exaspère la popula-*
« *tion, c'est la quantité de projectiles qui tombent dans la*
« *ville, bien au-delà des remparts.* »

« Deux de ces boulets ont touché l'Arc-de-Triomphe,
« plusieurs autres ont éclaté sur l'avenue de la Grande-
« Armée ; un autre encore tombe à l'angle de l'avenue
« d'Iéna, où une mare de sang témoigne des ravages qu'il

« y a causés. Plusieurs sont tombés dans l'espace compris
« entre l'avenue d'Eylau et les Ternes ; un autre est arrivé
« dans la cour de l'ambassade ottomane dont toutes les
« vitres sont brisées, et tandis que nous écrivons ces
« lignes, quatre formidables détonations qui se font
« entendre à courts intervalles rappellent que nous ne
« sommes pas positivement à l'abri.

« En somme, *le quartier de l'Etoile est particulièrement
« criblé. Une boulangère a été tuée ce matin dans sa boutique ;*
« une foule de cheminées volent en éclats ; plusieurs
« maisons portent aux angles de larges échancrures et sur
« l'avenue de la Grande-Armée le bitume est broyé en
« mille endroits par la grêle de fer qui tombe à chaque
« instant ; partout on entend le cri de Gare la bombe !

« En traversant l'avenue Uhrich par le quartier Beaujon,
« un bruit formidable comme celui de la foudre qui tombe
« se fait entendre derrière nous et au même instant nous
« entendons siffler à nos oreilles un éclat qui va tomber à
« quelques mètres plus loin.

« Cinq minutes après un autre projectile décapite un
« candélabre, tombe près de l'Arc-de-Triomphe et *l'un de
« ses éclats troue la poitrine d'un passant qui tombe fou-
« droyé...*

« Non seulement Neuilly a souffert du bombardement, mais
« il y a plusieurs victimes parmi les habitants ; des femmes
« et des enfants ont été atteints dans différents quartiers ;
« quelques-uns ont été tués sur place.

« Les boîtes à mitraille continuent d'éclater en l'air. *La
« projection des balles s'étend dans un rayon considérable...*

« Il est midi. Un obus, partant du Mont-Valérien passe
« au travers d'un lampadaire et, décrivant sa courbe,
« atteint la porte du boulanger pâtissier formant, au
« numéro 44, l'angle de la rue des Accacias et de l'avenue
« de la Grande-Armée. Il pénètre dans l'arrière-boutique
« où le boulanger, M. Champion, déjeunait avec sa
« famille.

« Immédiatement après l'explosion, les voisins se pré-

« cipitent vers la maison et s'arrêtent sur le seuil, aveuglés
« par la poussière et la fumée.

« Ils s'avancent à travers des débris de toute sorte vers
« l'arrière-boutique. Un affreux spectacle s'offre à leurs yeux :
« *M. Champion se débattait dans les convulsions de l'agonie ; sa*
« *femme avait la jambe gauche emportée.* Deux autres per-
« sonnes, nous assure-t-on, étaient gravement atteintes.....

« Une femme du peuple apporte à dîner à son mari, qui
« est de service. L'un et l'autre s'établissent au coin de
« l'avenue Joséphine. Au moment où ils mangeaient la
« soupe, un obus tue le mari, emporte une joue à la femme
« et blesse quatre autres spectateurs..........

« A quatre heures et demie, deux mitrailleuses blindées
« tournent par l'avenue de la Grande Armée ; mais du
« pont de Courbevoie, où l'on observe au moyen d'une
« longue-vue tout ce qui se passe dans l'avenue, on les a
« aperçues. Des éclairs sillonnent l'air et, quelques secon-
« des après, deux obus éclatent au pied de l'Arc-de-Triom-
« phe.

« Les mitrailleuses étaient passées ; mais un *curieux*, qui
« se trouvait sur la route, *a été atteint par un éclat qui l'a*
« *transpercé de part en part* ; on l'a transporté à son domicile,
« rue Notre-Dame de Nazareth.

(*Siècle*, 10 avril.)

« La zone comprise entre l'avenue des Ternes, l'avenue
« d'Eylau et la section haute du quartier des Champs-Ely-
« sées continue à être le point de mire des artilleurs ver-
« saillais ; aussi, sur tout cet espace, on ne rencontre que
« maisons entamées, décombres sur les rues et trottoirs
« portant des traces d'explosion.

« Au n° 5 de la rue Rude, une bombe perce le mur de
« clôture, pénètre dans la maison à travers les clôtures sé-
« paratives et éclate dans un appartement dont le proprié-
« taire est à la campagne ; impossible donc de constater
« les dégâts.

« Avenue Uhrich, dans l'hôtel qu'habitait la princesse de

« Beaufremont, un projectile entre par les toits, perfore les
« plafonds et fait des ravages énormes...

« Dans un hôtel voisin un obus crève un mur de flanc,
« parcourt une partie des pièces et éclate près de l'écurie
« où étaient trois chevaux, rendus fous, mais qui n'ont pas
« été touchés. On estime à 30,000 *francs* les dégâts occa-
« sionnés là en quelques secondes ; les tentures sont litté-
« ralement hachées et les meubles en miettes....

« Dans la rue Vernet, une seule maison a reçu huit pro-
« jectiles à courts intervalles et l'angle de l'avenue de l'Alma
« a été fortement ébréché.

« Sur le rond-point de l'Etoile, la plupart des hôtels de
« gauche ont été également touchés ; celui qu'habite le 1er
« secrétaire de la Légation Américaine a sa grille de clô-
« ture tordue et la balustrade de son perron brisée en plu-
« sieurs endroits. L'hôtel voisin qu'habite un prince dont
« nous ignorons la nationalité porte aussi des traces pro-
« fondes et l'ambassade ottomane a reçu de nouvelles at-
« teintes. L'attaché militaire de Turquie, qui y réside en
« l'absence du chef de la Légation, est allé à Versailles pro-
« tester contre le bombardement.

(*Siècle*, 11 avril).

« La rue Rude est littéralement jonchée de débris ; les
« toits des maisons sont effondrés, les toits des cheminées
« abattus. C'est la rue qui, jusqu'à présent a le plus souf-
« fert du bombardement.

« Dans l'avenue des Ternes un marchand a reçu une
« balle dans la cuisse.

« Nous rencontrons le docteur Duval. En deux jours il a
« reçu à son ambulance, avenue du Roule 32, 75 blessés et
« 17 morts. »

(*Idem*,) 13 avril.

« Une scène des plus affreuses s'est passée dans la terri-
« ble nuit d'avant-hier aux Ternes.

« Dans une petite rue, près du château, au sixième étage

« d'une maison, se trouvait une mère de famille et trois pe-
« tits enfants. La mère et les enfants veillaient un pauvre et
« cher malade, le père qui depuis quelques semaines était
« atteint d'une maladie grave.

« A ce moment, la canonnade éclatait dans toute sa fu-
« reur. Les coups terribles qui retentissaient trois ou qua-
« tre fois par minute causaient le plus grand effroi à cette
« malheureuse famille.

« Les enfants, glacés d'épouvante, s'étaient réfugiés dans
« les bras de leur mère. Soudain, un bruit sinistre se fait
« entendre; un obus crève la toiture de la maison, effondre
« le plafond et vient éclater au milieu de la chambre. *La
« mère tombe comme foudroyée et deux des enfants sont lit-
« téralement écharpés.* »

Et c'est au début de la lutte que ces fusillades sommaires de prisonniers, cet achèvement sauvage de blessés, cet emploi de projectiles prohibés par les conventions internationales, le bombardement infâme de quartiers de Paris en dehors des lignes d'opération se produisaient au mépris de toutes les lois ordinaires de de la guerre.

Tous ces faits honteux à la charge des Versaillais, constatés par des témoins aussi irrécusables qu'ils sont nombreux, n'ont pas même l'excuse des horreurs et de la sombre colère des derniers jours de la lutte, horreurs et colère qui seraient au moins en partie une explication de l'inutile exécution des otages.

La larme accordée par le *Siècle* aux 30,000 fr. de dégâts occasionnés en une seconde est tout à fait nature. C'est le bourgeois pris sur le fait et peint par lui-même. Les ventres troués, les têtes cassées, c'est triste. Mais le dégât dans la propriété ! là est le point sensible où gît le cœur du bourgeois. Le pétrole l'a bien plus touché que le massacre des ôtages. Quelle innovation dans la politique plébéienne ? Et si le vent s'en mêlait ! où irions-nous [1]?

Voyez-vous les éléments déchaînés combattant pour le peuple !

« Vers Neuilly les insurgés canonnent, des remparts de « Maillot, notre tête du pont de Neuilly, et le général Wolff, « un de nos plus vigoureux officiers, a fait une sortie con- « tre la maison de droite et de gauche et il a fait subir aux « insurgés des pertes considérables. »

Les pertes considérables sont expliquées par un officier versaillais qui a écrit l'histoire de la guerre contre la Commune et dit que le général Wolff *massacra tout ce qu'il trouva dans les dites maisons.*

Cette action est un des exemples les plus complets de l'école africaine. C'est une réminiscence du système Pélissier inauguré aux grottes du Dahara.

A cette époque la France entière, j'entends la France officielle et bourgeoise, celle qui règne aujourd'hui, jeta un immense cri de réprobation contre cet acte de froide férocité ; il eut pour écho l'assentiment de l'humanité toute entière.

En effet, il s'agissait de quelques centaines de malheureux arabes acculés dans une caverne dont on boucha l'entrée et dans laquelle on les enfuma. Ici, il s'agit de quelques centaines de pères de famille français, mais travailleurs, coupables d'avoir combattu pour conquérir leur indépendance et celle de leurs enfants, ces mêmes hommes, à trente années de distance, li-

---

[1] Et si au pétrole venaient s'ajouter le phosphore et le sulfure de carbone formant un tout brûlant aussi bien dans l'eau qu'à l'air.

vrent, par la voix de leur incarnation présidentielle le fait à tous les fonctionnaires de la République comme un acte glorieux et digne de leur admiration, disant ainsi au monde hébété de tant de cynisme : désormais la moralité d'un acte ne réside pas dans l'acte lui-même, mais dans la qualité de la victime. Enfumer des Arabes, c'est crime ; égorger des Français, pères de famille, c'est action glorieuse, pourvu que lesdits Français soient travailleurs.

Heureusement pour l'humanité, le monde a protesté et levé les épaules de pitié ou détourné les yeux avec dégoût de ces pleutres, triste expression officielle de ce qui fut jadis la grande nation.

Ce Wolff, que je connais beaucoup, car il fut mon camarade de promotion, sort des bureaux arabes où il a fait son avancement. Dire qu'un officier a fait son avancement dans les bureaux arabes, c'est tout dire. Ils sont trois comme cela dans l'armée, tous trois mes camarades d'école : Wolff, Chanzy et Lacretelle. Tous trois pauvres comme Job au début, sortant, le premier et le dernier, de la Flèche où ils étaient boursiers ; aujourd'hui fort riches et achetant, comme le sous-lieutenant de la *Dame-Blanche*, des châteaux sur leurs économies.

En 1857, lors de l'expédition contre les Beni-Raten, la colonne d'attaque fut formée des turcos du colonel Rose, qui commandait, et d'une compagnie de chasseurs à pied en tête de colonne. Cette compagnie fit toute la besogne et essuya toutes les pertes ; le reste de la colonne ne perdit pas un homme. Ce qui s'explique par la disposition des lieux ; il s'agissait d'enlever des

villages dans lesquels on ne pouvait déboucher que pa
des chemins creux donnant accès à deux hommes de
front. La tête de colonne seule était exposée. Je commandais la compagnie de chasseurs et Wolff un des
bataillons de turcos. Je fus proposé pour officier de la
Légion d'honneur [1] et Wolff nommé. Et cela se conçoit;
j'avais fait la besogne, c'est vrai, mais j'étais républicain. Wolff n'avait rien eu à faire c'est non moins certain, mais il sortait des bureaux arabes; or, aux
bureaux arabes, non-seulement on faisait ses affaires, mais encore et surtout *celles des généraux*. Demandez à Chanzy et à Montauban, dit Palikao, pour
qui et pour quoi Doineau a fait assassiner l'agha
des Beni-Snouss. J'ai été au bureau arabe de Tlemcen sous les ordres de Chanzy, alors capitaine et
de son successeur Doineau. Je me hâte d'ajouter : peu
de temps ; je ne tiens pas à passer pour un de ces gens ;
cependant, assez pour les avoir vus à l'œuvre et connaître le *fourbi*, comme dit le troupier. Où Doineau avait-il puisé les 30,000 fr. en or qu'on trouva
sur lui? Là où les généraux puisaient, eux, par cent
mille.

Wolff, Chanzy, Lacretelle avec Brincourt, qui ne sort
pas des bureaux arabes, lui, sont les quatre plus jeunes
généraux de l'armée. Voilà la fine-fleur de l'avenir. —
Français capables de loger deux idées dans votre cervelle et de les coordonner, tirez la conclusion et voyez
ce que de tels commandants vous réservent dans l'ave-

---

[1] Le second sur toute l'armée, le n° 1 était Foucaut, aide de
camp du Maréchal Gouverneur.

nir : services immondes, bassesse et réclame : courant le steeple-chase à la faveur, avec plat-ventre arrivant premier. Voilà ce que vous avez eu à opposer aux Prussiens et ce que vous auriez encore à leur opposer en cas de revanche[1].

Et l'on s'étonne de la défaite et plus que jamais nous sommes revenus au vieux cliché bourgeois « notre brave, notre vaillante armée », et j'entends Prud'homme s'écrier : « il insulte notre brave général Wolff à peine remis de sa blessure de Woertz. »

Je ne me paie pas de cette monnaie et sais ce que valent les blessures de généraux. Elles constatent la présence et le hasard, rien de plus. L'officier général choisit sa place et le plus souvent c'est en voulant se *défiler* qu'il est *pincé*. Tout autre est le cas du soldat ou de l'officier, ceux-là ne choisissent pas leur place et quand ils sont blessés c'est en accomplissant modestement et bravement leur devoir. Très rares sont les occasions où un général de division expose volontairement sa personne. Il ne m'en vient qu'un exemple à la mémoire, celui du brave général Brunet se mettant simplement, l'épée, à la main, à la tête du 4ᵉ chasseur à pied, tête de colonne, à l'assaut du Mamelon Vert. Je commandais alors la 4ᵉ compagnie de ce bataillon et je vois encore ce brave homme qui ressemblait plus à un bonnetier de la rue Saint-Denis qu'à un militaire, nous électrisant par son exemple. Mais son compte ne fut pas long à régler. Il reçut 7 balles et laissa deux

---

[1] **Je ferai voir un jour la valeur vraie de la légende militaire de Chanzy à l'armée de la Loire. Pure invention gambettiste.**

orphelines. Celui-là ne sortait pas des bureaux arabes[1].

Je réponds que s'il eût été à la place de Wolff ou Gallifet en 1871, il n'eût massacré personne et se fût bien battu quoique contre nous.

En ce qui me concerne, j'ai été blessé comme lieutenant, comme capitaine, comme commandant, comme colonel ; jamais comme général.

La vérité sur l'affaire de Neuilly n'est pas dans la dépêche de Thiers, mais dans la mienne.

« Une attaque très vive a eu lieu hier soir sur toute la
« ligne, à deux reprises différentes. Partout elle a été re-
« poussée avec succès et sans pertes.
« Le général Dombrowski est à 100 mètres du pont de Neuilly.

---

[1] Ce fut du reste une des plus chaudes affaires à laquelle j'ai assisté.

Le mamelon vert pris par nous avait été repris par les Russes, il s'agissait de le reprendre.

A 5 heures le 4ᵐᵉ bataillon reçut l'ordre de se masser en tête de la colonne d'assaut de la manière suivante : En tête le commandant, tout derrière les officiers, derrière eux les chasseurs en bloc comme la phalange macédonienne. Devant tout, le général de division Brunel et derrière lui son état-major, le tout à pied sabre au clair.

C'était superbe.

A 5 h. 20 minutes l'affaire était faite, nous avions pris le mamelon vert et sauté en plus, mais le dégat était grand. Sur 1335 hommes il en restait 390. Sur 22 officiers il en restait 5 et encore moi, l'un de ces 5, j'avais une balle dans la jambe.

Ma compagnie, la 4ᵐᵉ, dont l'effectif dépassait 200 hommes était réduite à 8 hommes et de tout le cadre il restait un caporal et moi.

Tous n'étaient pas morts, mais tous étaient hors de combat. Baucoup dépiotés par l'explosion.

« Ce village a dû être repris maison par maison[1]. Nos
« pertes dans la journée sont de 5 blessés et 2 tués. »
« L'ennemi tient mal. »

Le Ministre de la Guerre.
CLUSERET.

Cette dépêche était du 14. Cela prouve en outre, que les dépêches officielles de Versailles, datées du 6, annonçant que le gouvernement était maître de la position, étaient fausses quoique officielles. J'ajoute que le fameux exploit du général Wolff sur les deux maisons de droite et de gauche du pont de Neuilly n'est jamais parvenu à ma connaissance que sous la forme suivante:

« Nous avons été obligé d'évacuer les maisons aux
« abords du pont trop exposées au feu de l'ennemi. »
Cela ne prouve rien, même dans mon esprit. *Sub judice lis est.* Et je laisse à chacun le soin d'adopter la version conforme à ses vues. Le plan de Mac-Mahon, exposé par lui-même, consistait: « à établir fortement le premier corps commandé par Ladmirault sur la rive gauche de la Seine. » J'ai dit moi que mon plan consistait au contraire à n'avoir sur la rive gauche que des grand'-gardes. Je suis encore à me demander ce que Mac-Mahon attendait de sa rive gauche. Il l'eut, et facilement, car je ne la lui ai jamais disputée sérieusement. Qu'en a-t-il fait ? Cette rive gauche n'avait pour moi de valeur qu'autant que j'aurais été en mesure de prendre l'offensive. Il fallait que Mac-Mahon eut bien peu de coup-d'œil pour ne pas s'apercevoir que j'avais renoncé à l'offensive dès le premier jour. Et si j'avais été en me-

---

[1] Naturellement je ne pouvais compter les assassinats à huis-clos de M. Wolff dans les maisons particulières.

sure de prendre l'offensive, ce n'aurait pas été de ce côté, où je n'avais rien à craindre ni à espérer, mais bien sur le plateau de Châtillon, dont la possession était seule de nature à empêcher les travaux d'approche sans lesquels on ne pouvait entrer dans Paris.

Je sais bien que plus loin Mac-Mahon, imitant le renard de la fable, dit : « par suite de ce coup de main « l'insurrection se trouve définitivement confinée sur « la rive droite, dans cette partie de nos attaques et le « corps Ladmirault reste dès lors sur la défensive, si « ce n'est pour s'emparer, dans Neuilly de quelques « îlôts de maisons nécessaires à la protection de notre « ligne de *défense.* » *Il restait donc sur la défensive !*

La vérité est que Mac-Mahon n'a cessé de faire faire des efforts, aussi vigoureux que le comportait la vigueur de ses troupes, contre Neuilly, et que Dombrowski, avec ses 1,300 hommes a toujours résisté à Ladmirault à la tête de ses trois divisions représentant 20 ou 25,000 combattants, lesquels n'étaient pas encore suffisants, car l'Agence Reuter télégraphiait de Cologne, le 15 avril :

« On renvoie les troupes françaises en France aussi « promptement que possible.

« On a soin de choisir, pour les faire partir, *ceux qui ju-* « *rent fidélité au gouvernement français et acceptent du ser-* « *vice à Versailles.*

« Les hommes sont en bonne santé et bien chaussés. Ils « partent d'ici à raison d'environ un millier par jour. »

Je crois que cette dépêche en dit plus que tout ce que je pourrais écrire sur la résistance sérieuse offerte par la défense à l'attaque et sur les craintes de M. Thiers.

Pendant ce temps, le bombardement de Paris continuait et le *Progrès de Lyon*, journal peu communier, s'exprimait ainsi :

« Par ma foi, c'est plus beau que le 2 Décembre, et Can-
« robert, le capitulard de Metz, qui se trouve à Versailles,
« va pâlir de se voir dépassé, *car qu'est-ce que la fusillade*
« *du boulevard Montmartre, le 2 décembre, auprès de ce qui se*
« *passe depuis un mois autour de Paris, coupable de vou-*
« *loir* ses franchises municipales et de ne plus vouloir des
« mouchards de l'empire ?

« On connaît enfin le nom du brave officier, pour parler
« le langage de M. Thiers qui commande au Mont Valérien,
« c'est le colonel Lochner.

« Ce brave officier a envoyé des bombes et des obus qui
« ont détruit des quartiers au-delà de la ligne de défense,
« *en tuant plus de 300 personnes inoffensives, dont la moitié se*
« *compose de femmes et d'enfants.*

« Ce brave officier continue toujours à bombarder avec
« le brave général Vinoy, capitulard de Paris, qui a fait fu-
« siller le général Duval et pas mal de gardes nationaux,
« et avec le brave général de Gallifet, capitulard de Metz,
« qui après avoir fait fusiller, de son côté, je ne sais com-
« bien de gardes nationaux, avait, de son autorité privée,
« édicté un bando, déguisé sous le nom d'arrêté, pour con-
« tinuer, en les régularisant, ces *exécutions sommaires*. On
« peut dire que le brave colonel Lochner se trouve au pre-
« mier rang parmi les braves officiers d'une des plus belles
« armées que la France ait jamais eues, comme dit
« M. Thiers. »

(*Progrès de Lyon*, 22 *avril, lettre d'un bourgeois*
de Paris, du 16.)

Ce même bourgeois ajoutait :

« Les troupes qui attaquent Paris agissent pour la plu-
« part avec passivité, sauf certains corps, comme les gen-
« darmes, les sergents de ville, les zouaves pontificaux et
« les volontaires vendéens et bretons. »

On a nié que ces derniers eussent jamais été employés par Versailles ; c'est possible comme corps, mais comme individus, il y en a eus évidemment puisqu'on en a fait prisonniers et qu'on m'en a envoyés, j'ai en outre reçu une bannière ou drapeau aux armes pontificales.

La bannière pouvait être apocryphe ; soit. — Mais les prisonniers se seraient donc déguisés pour courir à une mort plus certaine ? C'est peu logique. Dans ma pensée, il a dû y avoir, au commencement, des groupes de volontaires qu'on aura retirés ensuite.

Je me hâte d'ajouter que nul de ces prisonniers ne fut molesté. Il en fut de même des gendarmes pris dans nos lignes, déguisés, en blouse ; j'avais certes bien le droit de les faire fusiller, je n'en ai jamais usé, ma cause était au-dessus de semblables moyens.

« Des officiers de l'état-major du général Dombrowski
« et de la garde nationale sont venus apporter à l'Hôtel de
« Ville, deux drapeaux pris sur les Versaillais à Neuilly.

« Le premier de ces drapeaux est de couleur verte et porte
« la croix vendéenne ; le second est composé des trois cou-
« leurs, disposées en forme de croix.

« Le drapeau vendéen, arboré sur une habitation, a été
« enlevé dans un élan commun par les officiers et gardes
« du 210° bataillon.

« Le second drapeau versaillais planté sur une barricade
« a été pris par le citoyen Letellon (Jean Félix) garde à la
« troisième compagnie de marche du 114° bataillon de la
« garde nationale.

« Ce n'est qu'avec peine que ce citoyen s'est séparé de son
« glorieux trophée et s'est décidé à le laisser partir pour
« l'Hôtel de Ville.

« La Commission exécutive a transmis aux délégués de
« ces braves bataillons les félicitations de la Commune. »

(Journal Officiel de la Commune.)

Je reprends le récit de mon bourgeois :

« Quant aux chefs, à partir des colonels, ils y apportaient
« de la frénésie.

« En voyant le soin qu'ils mettent à maintenir une dis-
« cipline rigoureuse on fait de tristes réflexions sur ce qu'ils
« laissaient à faire à cet égard quand nous étions en face
« des Prussiens.

« On fusille à présent un soldat qui hésite.

« Pendant le siège de Paris nous avons vu des zouaves et
« des soldats d'infanterie fuyards, à Châtillon, ayant aban-
« donné leur poste devant l'ennemi sans tirer un coup de
« fusil, *d'abord condamnés à mort, puis graciés par le gouver-
« nement de la Défense Nationale*, sans que les généraux qui
« s'acharnent aujourd'hui avec tant de passion contre Paris
« fissent la moindre observation. On semblait voir avec joie
« l'armée se démoraliser.

(*Progrès de Lyon, 21 avril, lettre d'un bourgeois de
Paris, du 19.*)

« Le 17, le château de Bécon est brillamment enlevé par
« le 36e de marche. Le lendemain, le 36e continuant son
« mouvement en avant déloge les insurgés de toutes les
« maisons qui bordent la route d'Asnières et s'empare de
« la gare où il s'établit solidement.

« Le village de Bois-Colombes est en même temps enlevé
« par le 1er régiment de gendarmes secondé par un ba-
« taillon du 72e de marche. »

(*Rapport de* Mac-Mahon.)

Thiers, de son côté, envoyait les deux télégrammes
suivants aux préfets :

Chef du Pouvoir Exécutif à Préfets... :

« *Nouveaux succès de nos troupes*, ce matin, toujours dans le
« but de garantir notre position de Courbevoie contre les
« feux de la Porte-Maillot et du village d'Asnières.

« Le régiment des gendarmes, sous les ordres du *brave*
« colonel Grémelin, a enlevé le village de Colombes, s'est

« ensuite porté au-delà et a repoussé les insurgés au loin,
« en leur faisant essuyer des pertes sensibles en morts ou
« prisonniers. »

A. THIERS.

(Versailles, 18 avril 4 h. 30 soir.)

Chef du Pouvoir exécutif à Préfets... :

« Asnières a été emporté ce matin. Nos soldats sous la
« conduite du général Montaudon, qui se multiplie dans
« ces circonstances, se sont jetés sur la position, malgré le
« feu de l'enceinte et l'ont emportée avec une vigueur ex-
« traordinaire.

« L'ennemi a fait des pertes énormes et ne peut plus in-
« commoder notre établissement de Courbevoie. »

A. THIERS.

Versailles, 19 avril 1871, 7 h. du soir.

On se demandera ce que le village de Colombes, occupé par un poste d'infanterie, commandé par un capitaine, sans artillerie, situé en plaine, à plus d'une lieue
de Courbevoie, pouvait faire contre tout un corps d'armée muni de plus de 60 bouches à feu. Groslard, un
vieux sergent qui commandait cette grand'-garde, ou
plutôt, en terme du métier, ce poste détaché, se retira
tranquillement, comme c'était la consigne, en tiraillant
et ne perdit personne ou presque personne. Voilà les
exploits des Versaillais ! Le brave Groslard, sans s'émou-
voir, avait fait face au régiment de gendarmes commandé par le *brave* (?) Grémelin qui avait dû être soutenu par un bataillon du 72e de marche !

Quant au château de Bécon, dont ne parle pas
M. Thiers et qui était certainement d'une certaine importance pour les Versaillais, parce qu'il nous prenait
en écharpe, il ne fut même pas défendu n'étant pas occupé. Non que je n'en eusse bonne envie, mais l'occu-

pation de Bécon nécessitait toute une série de travaux et d'opérations hors de mes moyens et qui, en définitive, m'auraient coûté plus de monde que le château, au pouvoir de l'ennemi, ne m'en a coûté.

En effet, le château occupé, il fallait le relier à Asnières, puis occuper fortement ce village. Car toute la colline offre les mêmes avantages de tir que le château lui-même ; on pouvait établir une redoute, plus près ou plus loin, qui aurait rendu les mêmes services et qu'il eût fallu enlever. On pouvait couper la garnison qu'il eût fallu dégager. Enfin il fallait occuper tout Asnières, plus difficile à tenir que Neuilly et qui m'eût coûté plus de monde. En somme les pertes eussent dépassé le profit. C'est pourquoi, je me contentai d'éclairer la rive gauche et de n'occuper que la rive droite.

Dans toute opération militaire, j'agis comme un banquier dans une opération financière. — Combien puis-je dépenser ? Quel profit retirerais-je de la dépense ? Si l'opération se solde en déficit, je m'en abstiens, et par intérêt et par humanité. Un juif ne se sépare pas avec plus de peine d'un de ses écus rognés que je ne quitte un de mes compagnons d'armes tué. Et si le fait arrive par ma faute, je ressens alors une de ces angoisses que ceux qui me liront ne comprendront pas, car il faut y avoir passé pour me comprendre.

L'occupation de Bécon, Asnières et Colombes se soldant en déficit, j'y renonçai.

La prise de Bécon, ni occupé, par conséquent ni défendu, valut au jeune colonel Augereau le grade de général pour valeur *exceptionnelle*. Très exceptionnelle ! Si son grand-père revenait au monde, comme il serait

scandalisé de semblables promotions ! « Ce n'est pas
« ainsi que nous enlevions nos grades sous la première,
« dirait-il ; ce n'était pas des châteaux vides que nous
« prenions alors. »

Ce que je viens de dire répond au passage du rapport de Mac-Mahon relatif au château de Bécon et à la plaine de Gennevilliers. Au sujet de la prise d'Asnières voici la vérité.

Ce matin-là, j'étais parti, en compagnie de Rosselly-Mollet, mon chef du génie, de Rossel, mon chef d'état-major, et de Borgella, chef d'escadron d'artillerie, pour déterminer l'emplacement d'une batterie destinée à battre la presqu'île de Gennevilliers. Après avoir déterminé l'emplacement à Clichy, je me dirigeai à pied vers Asnières, en longeant la Seine.

Arrivé en face de ce village, je trouvai quelques centaines de gardes nationaux ayant fui pêle-mêle dans les rues de Clichy. Ces gardes nationaux, sous les ordres du frère de Dombrowski, venaient de se laisser surprendre à Asnières par des gendarmes, disaient-ils, et au lieu de prendre leurs fusils, avaient pris leurs jambes à leur cou.

Bécon faisait un feu terrible sur le village et balayait le quai. Je me rappelle encore les coups de balai de ces mitrailleuses. Le plus pressé était de remédier à l'enfilade du quai et au feu de mousqueterie qui pouvait, dirigé des maisons d'Asnières, m'empêcher d'occuper la rive droite en paix.

J'établis immédiatement une batterie sur le quai, à 50 mètres à gauche du pont de bateaux. Quant au pont du chemin de de fer, il était, ainsi que le quai à sa gauche, balayé par mes wagons blindés qui me rendirent de grands services.

Exposés à un feu constant, ces wagons blindés résistèrent très bien. Il n'y en eut qu'un, si j'ai bonne mémoire, qui fut pénétré. J'engage fortement ceux qui les utiliseront à l'avenir, à en augmenter la capacité. Les artilleurs se plaignaient beaucoup du manque d'espace. Il est incontestable qu'il y a là le germe d'un nouvel élément de force tactique.

Ces mesures prises, je fis appel aux hommes de bonne volonté pour reprendre Asnières. Une centaine s'offrirent. Je me mis à leur tête et, les mains dans les poches, en civil, ayant à ma gauche Rossel également en civil, nous repassâmes tranquillement le pont et reprîmes Asnières d'où avaient filé plus vite qu'ils n'étaient entrés les *braves* Versaillais.

Je fis occuper la station par Rossel et j'allai moi-même placer les avant-postes sur la route de Colombes.

J'appris alors dans le village ce qui s'était passé. Conformément à leur louable habitude, les gardes nationaux dormaient, buvaient, jouaient ou mangeaient, ne se gardant nullement. Les dormeurs furent égorgés.

Pendant leur courte apparition dans Asnières les gendarmes commirent des atrocités. J'ai parlé de ce pauvre charbonnier tué chez lui dans sa boutique sans provocation aucune, pendant qu'il travaillait et uniquement par soif de tuer. Son fils, voulant lui faire un rempart de son corps, reçut un coup de feu à bout portant qui lui cassa le bras. Je me rencontrai sur le seuil de cette misérable cabane avec le vicaire d'Asnières, tout aussi indigné que nous. Tuer les fédérés endormis et sans défense, au lieu de les faire prisonniers, passe encore. Mais assassiner à domicile un pauvre travailleur uniquement parce qu'il n'est pas bourgeois, prouve surabondamment quel était le seul mobile des Versaillais : guerre à la blouse, symbole du travail.

Aussitôt mes batteries en état, je donnai ordre de saborder toutes les maisons du quai et celles qui pouvaient être occupées par l'ennemi. Ce qui fut fait. L'occupation d'Asnières n'était plus dès lors possible ni pour les fédérés, ni pour les Versaillais. On n'a qu'à jeter un coup d'œil sur les maisons du quai pour apprécier la véracité de M. Mac-Mahon, quand il dit qu'il fit fortement occuper les maisons de la route d'Asnières.

Où est la route d'Asnières à Bécon? n'est-ce pas le quai?

Le nombre des tués fut de dix et celui des blessés de 33.

Voilà les pertes énormes signalées par M. Thiers à la province!

Tous ces mouvements dans la presqu'île de Gennevilliers m'inquiétaient ; non au point de vue exposé par Thiers et Mac-Mahon, mais bien à celui exprimé dans mon rapport à la Commission exécutive, le 5 avril : masquer un mouvement sur notre droite pour occuper les forts de la rive droite.

Le *Times* lui-même croyait à un accord entre le général Fabrice et Thiers. L'*Emancipation* en parle en ces termes :

« Je n'avais pas encore compris le mouvement des
« fédérés sur Asnières ; une ligne du *Times* me révèle tout.
« *M. Mac-Mahon était d'accord avec le général Fabrice :* il
« avait l'autorisation de pénétrer avec un corps d'armée
« sur la bande de terrain qui longe les remparts et qui

« s'étend entre Paris et la zone neutralisée par la capitu-
« lation. Par contre les Prussiens avaient déclaré qu'ils
« armeraient leurs lignes pour empêcher les belligérants
« de dépasser les limites tracées par le traité.

« Grâce à cette entente, le maréchal Mac-Mahon en
« tournant Asnières, Clichy, Gennevilliers, pouvait placer
« un corps d'armée en face de la porte Saint-Ouen.

« Si les fédérés avaient voulu repousser les assaillants,
« leurs boulets auraient pénétré dans les lignes prussiennes
« et cette violation de la Convention eût entraîné l'inter-
« vention prussienne. »

La batterie que j'établis à Clichy, jointe au peu de succès des attaques sur le centre et surtout à l'ordre qui régnait dans Paris, changea les dispositions des Prussiens qui, commençant à nous prendre au sérieux, jugèrent à propos d'observer la neutralité et de s'en expliquer avec moi, comme je le dirai plus loin.

Toutes mes communications avec les Allemands se faisaient par Rossel. C'était lui que j'envoyais au quartier général chaque fois qu'une réclamation relative à la neutralité, ou toute autre question, nécessitait un échange d'explications. Je dois dire qu'il y mit beaucoup d'urbanité, de convenance et que cette prussophobie dont on parle tant ne s'est jamais manifestée à ma connaissance, ainsi que le prouve l'affaire des chevaux Galitzin dont j'ai parlé.

C'est vers cette époque que sur les instances réitérées de Beslay, parlant au nom de la première Commission exécutive j'écrivis au général en chef des armées allemandes pour lui offrir le paiement des 500 millions que Versailles ne pouvait payer et pour ouvrir des négociations à cet égard.

Chapitre VI

ATTAQUE DE VANVES ET D'ISSY

Ceux qui faisaient leur devoir. — Un contre quinze. — Ordre du jour du délégué à la guerre. — Rapport de Eudes. — La batterie du Trocadéro. — Obus de carton. — Inspection des forts. — Les criailleries du « Cri du Peuple. » — L'anarchie s'annonce. — Reconnaissance sur Bicêtre. — La flotille de la Commune.

Au centre, les affaires de la Commune marchaient bien dans un sens et mal dans l'autre. Une partie des hommes se battait bien, mais l'indiscipline paralysait leurs succès. Il n'y avait pas de commandement. Eudes payait de sa personne, mais le dernier des gardes nationaux le regardait à juste raison comme son égal. Il n'avait aucune autorité morale, et chacun faisait ce qu'il voulait. Hélas, ce que trois sur cinq voulaient, c'était *nocer*. Ferrat menait le branle. En vain Eudes constatait des réquisitions personnelles illicites de la part de ce dernier; en vain il essayait de mettre un peu d'ordre, de faire sortir les gardes nationaux entassés dans les cabarets ou les couvents pour les répartir dans la tranchée et les forts. Sur 10,000 hommes (effectif) que j'envoyai pour les trois forts d'Issy, Vanves et Montrouge, il n'y en avait pas plus de 3,000 qui fissent honnêtement leur devoir. Ce sont ces 3,000 hommes vraiment dignes de leur cause qui soutinrent le choc du corps d'armée de Cissey, fort de trois divisions, renforcé de deux divisions du corps de réserve de Vinoy, c'est-à-dire de près de 45,000 hommes soutenus par 90 bouches à feu de campagne, sans compter l'artillerie de position. Mortier à Dantiz faisait inscrire sur ses drapeaux : « Un contre dix. » Les braves de la Commune pouvaient mettre sur le leur : « Un contre quinze ! »

Il est des choses qui ne sont visibles que pour l'homme du métier. Eudes réclamait sans cesse des renforts. Il se plaignait à qui voulait l'entendre que je ne lui fournissais pas le nombre d'hommes nécessaire. Je lui prouvai, non seulement chiffres en main, mais en y allant moi-même, qu'il y avait plus de 10,000 hommes, chiffre triple de celui nécessaire, qu'il n'en employait pas le tiers ; que la différence était pelotonnée à droite et à gauche, se dérobant au service et s'esquivant pour rentrer un à un dans Paris. Il ne voyait rien, ne comprenait rien, ou plutôt, ne voyait et ne comprenait qu'une chose, c'est qu'au moment de l'action, il y avait des lacunes dans le service de tranchées.

Il était de ceux qui s'imaginent qu'on naît général et que les circonstances en improvisent. L'étude, la discipline, la méthode, l'esprit de suite : balançoires militaires. On veut faire de nous des soldats, disaient les officiers, et nous ne voulons pas être militaires. Ce qu'ils ne voulaient pas, c'était d'être obligés par la Cour martiale à faire trouer leur poitrine avant celle de leurs hommes.

Cette remarque ne s'adresse pas, bien entendu, à ceux qui se sont toujours bravement exposés, comme Eudes, Lisbonne, Mathieu, Ledrux et autres.

Lisbonne est une figure à part dans le personnel militaire de la Commune. Il était acteur de profession, avait, je crois, quelque peu servi aux zouaves et conservé de sa profession deux choses : un bagout inépuisable et une mise en scène permanente. Qui ne se souvient de Lisbonne, caracolant sur son cheval arabe, vêtu, mi-partie en garde-national et mi-partie en je ne sais quoi du grenadier de Sambre-et-Meuse? D'une bravoure hors ligne et tout entier à sa besogne, Lisbonne ne produisit pas grand chose, ses hommes lui refusant toute autorité morale, je crois, par suite de sa profession ; mais pour un brave, c'est un brave.

Mac-Mahon s'exprime ainsi sur cette partie de ses opérations :

« A droite le corps de Cissay s'avance vers le fort d'Issy
« en établissant des parallèles entre Clamart et Châtillon.
« Les insurgés prononcent journellement contre nos
« tranchées des mouvements offensifs qui sont vigoureu-
« sement repoussés. »

La main de La Cecilia commençait à se faire sentir, non qu'il pût obtenir plus qu'Eudes au point de vue disciplinaire, mais il avait plus de méthode. Le 11 et le 13 avril, Mac-Mahon mit tout en œuvre pour s'emparer de Vanves et d'Issy. La dépense en projectiles fut considérable et l'émoi dans Paris très grand. Ce spectacle ne manquait pas d'une certaine grandeur. La nuit étant fort obscure, vraie nuit de malfaiteurs, le flamboiement des détonations et leur répercussion empruntaient à l'obscurité un mystère sinistre qui avait son côté dramatique. Mais ce fut le seul effet produit.

Le 12 au matin, j'adressai à la Commission exécutive la dépêche suivante :

« L'ennemi, profitant de l'obscurité de la nuit dernière, « a démasqué toutes ses batteries et tenté une attaque de « vive force sur les postes du Sud-Ouest. *Il a été repoussé « honteusement.* »

« Nos pertes s'élèvent à deux blessés et un tué. » (seuls « chiffres connus jusqu'à présent.)

« Dans cette attaque de nuit, opération toujours difficile « à repousser pour des troupes jeunes, il n'y a pas eu un « seul moment d'hésitation. Les enfants de Paris se sont « conduits en braves. Je porte à l'ordre du jour les 208e et « 179e bataillons pour leur entrain ».

G. Cluseret.

A six heures du matin, l'ennemi qui ne voulait pas reconnaître la Convention de Genève vis-à-vis de nous, fut obligé de hisser son pavillon, tant le nombre des morts et des blessés était considérable.

Inutile d'ajouter que le pavillon fut respecté et cela pendant que d'un autre côté, nos ambulances revenaient à vide, l'ennemi tirant sur elles et les empêchant d'aller relever nos blessés.

Ah ! qu'il a fallu qu'on lui en fasse, je le répète, à ce peuple si bon, si généreux, pour le pousser aux tristes extrémités des 24, 25 et 26 mai !

L'attaque du 13 est ainsi rapportée par Eudes :

« L'attaque a duré jusqu'à 11 heures ; fusillade vive d'abord
« sur toute la ligne depuis Issy jusqu'à Bagneux aux
« avant-postes. Quarante minutes après elle cesse et laisse
« la place à un combat d'artillerie. L'ennemi tire de Meu-
« don, d'une batterie établie en arrière du moulin de
« Pierre et de trois batteries de Châtillon.

« Une vive canonnade a régné sur toute la ligne pendant
« une heure. Je m'attends à une attaque en règle pour
« 2 ou 3 h. du matin.

« Issy et ses lignes sont bien gardés.

Le Général Commandant les forts du Sud.

E. Eudes.

Ce rapport est très remarquable par sa simplicité et sa netteté. Il dénote une certaine aptitude militaire, si on se reporte à l'âge et à l'inexpérience de son auteur. Eudes eût certainement fait quelque chose par la suite. Mais quelle organisation, si riche qu'elle soit, pourrait se développer dans de semblables condition ? Ne rien savoir, ne rien pouvoir apprendre et se trouver à la tête de masses indisciplinées, non organisées et sans autorité morale personnelle !

C'est à cette époque, que je fis établir une batterie de 24 au Trocadéro, destinée à inquiéter les réserves réunies au Mont-Valérien, et nullement à le battre en brèche comme on me l'a fait dire. A quoi m'eût servi une brèche, puisque je n'avais pas de troupes à envoyer à l'assaut ?

Voici le rapport transmis au nom du Ministère de la Guerre à la Commune, mais qui était fait sur les rapports des 24 heures par un simple officier d'état-major. Il suffit de le lire pour voir que je ne l'ai pas écrit.

RAPPORT MILITAIRE

Aux membres de la Commune.

« Nuit calme, excepté à Neuilly, où le général Dom-
« browski continue d'avancer pied à pied.

« Deux drapeaux, dont l'un pontifical, sont tombés entre
« nos mains, ainsi qu'un guidon abandonné dans l'île de
« la grande Jatte.

« L'ennemi a fait un mouvement sur notre droite et
« semble menacer Asnières. La quantité de gabions qu'il
« a emportés indique qu'il est loin d'être rassuré.

« *La brèche du Mont-Valérien est déjà très-appréciable.* »

Ce dernier paragraphe est le rapport du chef d'escadron d'artillerie qui commandait au Trocadéro, comme
le paragraphe précédent est celui du directeur de l'observatoire de la Muette.

Du reste, je me souviens que, le dernier paragraphe
ayant attiré mon attention, je fus vérifier moi-même ce
qu'il pouvait renfermer d'exactitude; le résultat de
mon inspection, tant à l'Observatoire qu'au Trocadéro,
fut qu'il y avait des trous dans la toiture des casernes.

Cette batterie, du reste, tirait sur les casernes et cher-
chait à fouiller les terrains situés en arrière. Si les projectiles sont souvent restés en chemin, la faute en est
au général Trochu qui m'a laissé plus de gargousses de
sable ou de charges avariées, que de charges en bon
état. D'où une irrégularité effrayante dans le tir. Les
Prussiens de Versailles ont ainsi bénéficié des précautions humanitaires prises par le gouvernement de la
trahison nationale en faveur de leurs congénères d'Outre-Rhin. J'ai eu soin de faire constater le fait officiellement.

Il est probable que les artilleurs du Mont-Valérien nous répondaient avec des projectiles de même nature et de même provenance, car ils arrivaient à des écarts ridicules.

Ainsi les projectiles tombaient d'Auteuil à la Muette, le premier jour ; le deuxième, pas un ne dépassa les fortifications. Les explosions avaient lieu à 3 et 4 cents mètres de distance. Le troisième, je notai les explosions suivantes, à la suite l'une de l'autre : 1re, rue de l'Assomption ; 2e, 15 boulevard Montmorency ; 3e et 4e, derrière la caserne de l'Octroi ; 6e, au pied de la villa Montmorency ; 7e, porte d'Auteuil. Il y a entre ces différentes explosions des écarts qui atteignent 500 mètres. Nos artilleurs disaient : « Ils sont ivres ! » ; on en disait probablement autant de l'autre côté. La vérité est que d'un côté comme de l'autre, c'était le gouvernement de la trahison nationale qui approvisionnait. — J'appelle l'attention de mes concitoyens sur ce fait, car il prouve d'une manière péremptoire la trahison du gouvernement de la destruction nationale, préférant la défaite à la victoire, le Prussien au peuple français pour assurer ses haines comme pour tranquilliser ses peurs, fournissant à la Garde Nationale ainsi qu'à l'armée des projectiles illusoires.

On a aussi méchamment rapporté que, sans égards pour les morts, je faisais tirer sur le cimetière de Suresne, où est le tombeau de ma famille. La vérité est qu'il est tombé deux obus dans le cimetière et pour le motif indiqué plus haut.

Rassuré jusqu'à un certain point sur l'organisation dont Mayer s'occupait avec activité et succès, mon attention était alors spécialement dirigée sur la mise en état de défense des remparts. Toutes les anciennes pièces étaient de nouveau sur leurs affûts et je faisais amener de l'Est à l'Ouest des pièces devenues inutiles par suite de la neutralité des Prussiens.

Ces pièces, au cas où l'artillerie ennemie serait parvenue à injurier sensiblement le revêtement en maçonnerie, pouvaient être facilement portées en arrière du chemin de Ceinture, toujours à courte distance du rempart et servir à armer la seconde ligne de défense.

Mais il n'y avait aucune crainte sérieuse de ce côté, malgré le calibre et le nombre des pièces dont disposait Versailles; tout le monde a été à même de juger le peu d'effet produit sur l'enceinte.

Le seul effet appréciable du tir ennemi se produisait dans Paris.

Le 13, la situation est à peu près résumée dans les deux rapports suivants :

Aux Membres de la Commune.

« Je reviens d'inspecter les forts du Sud et généralement
« la ligne de défense de Montrouge à la Muette. Mon im-
« pression est très favorable. Les attaques d'hier et d'avant-
« hier, faites avec un grand nombre d'hommes de la part
« de l'ennemi, ont été repoussées si facilement et avec si
« peu de perte, qu'elles doivent inspirer une entière con-
« fiance dans l'avenir. La batterie de 24, au Trocadéro,
« a parfaitement porté dans les bâtiments du Mont-Valé-
« rien. C'était tout ce dont nous voulions nous assurer pour
« le moment.

« J'attire l'attention de la Commune sur la bonne tenue
« des troupes et sur l'ordre exceptionnel qui règne au
« Point du Jour. Hommes et choses sont en bon ordre et

« dénotent de la part du commandant de l'énergie, de l'ac-
« tivité et de la compétence.

« Vanves et Montrouge sont en bon état. Du côté de
« l'ennemi, même disposition d'artillerie que du temps des
« Prussiens. Quant à leur infanterie, elle est peu nombreuse
« et sans grande consistance.

« Quand le moment sera venu, j'ai tout lieu de croire
« que la résistance des Versaillais ne sera pas au-dessus
« de nos efforts.

« Paris, 13 avril 1871. »

Le Délégué à la Guerre,

G. CLUSERET.

RAPPORT MILITAIRE

13 avril.

« On s'est battu toute la journée dans Neuilly.

« Les troupes de la Commune ont conservé une attitude
« offensive.

« Des renforts d'artillerie ont été envoyés pour conserver
« le terrain conquis.

« Neuilly est attaqué et défendu pied à pied.

« A Asnières la lutte est moins caractérisée.

« Du côté des forts du Sud, la journée s'est passée sans
« incident notable à notre connaissance.

« Le général Eudes se préoccupe vivement de la nuit
« prochaine ; les dispositions de l'ennemi semblent pré-
« sager une attaque.

« Les renforts sont dirigés pour la nuit dans les direc-
« tions attaquées.

« Le moral des troupes est remarquable.

« Les progrès de l'organisation permettent de diminuer
« peu à peu les fatigues excessives que l'on était contraint
« d'exiger d'elles. »

Le chef d'état-major,

ROSSEL.

Pendant que je faisais face à tout et que tout marchait aussi bien qu'on pouvait le désirer, le *Cri du Peuple* commençait sa campagne contre moi.

Voici l'article qu'il insérait dans son n° du 15 avril :

« *Le Ministère de la Guerre.* »

« Un de nos amis, de la véracité et de la loyauté duquel
« nous sommes sûrs, nous fait connaître un fait très-grave :
« Le chef du 138ᵉ bataillon, chargé par le commandant
« du fort de Montrouge d'aller demander des canons aux
« bureaux de la guerre, aurait été brutalement éconduit,
« malgré la justification complète de l'urgence de sa de-
« mande.

« Ce fait ne serait malheureusement pas isolé.

« Il faut, paraît-il, envoyer dix estafettes aux bureaux de
« la guerre pour obtenir un bataillon de renforts ou pour
« faire relever les bataillons fatigués.

« Ainsi, chose incroyable, le fort de Montrouge qui est
« aujourd'hui, malgré tout, en état de repousser n'importe
« quelle attaque, ne l'était nullement il y a trois jours, et
« une note que nous en recevons, *note dont nous certifions*
« *l'exactitude*, nous avoue que si le fort de Montrouge avait
« été attaqué, il y a 3 jours, nous aurions été battus à plate
« couture.. Les hommes, éreintés et trop peu nombreux,
« n'auraient pu tenir dix minutes. »

« La note ajoute qu'avec 15,000 hommes on chasserait
« certainement les Versaillais de Meudon et de Châtillon...
« et que, vu le peu d'hommes qui était là bas, dès le com-
« mencement, il nous a fallu assister, l'arme au pied, à l'oc-
« cupation de ces deux positions importantes où mainte-
« nant l'ennemi se fortifie d'une manière inquiétante.

« Or, il y a dans Paris, quantité de canons inoccupés.

« Autre oubli tout aussi grave ;

« *Les Vengeurs de La République* sont tous d'anciens francs-
« tireurs.

« Au nombre de douze cents, ils composent un véritable

« corps d'élite, plein de patriotisme, et capable de rendre
« à tout instant des services signalés.

« Or, ces citoyens ont été obligés d'assister en simples
« spectateurs à la formidable attaque dirigée le 11 avril,
« contre les forts du Sud.

« Ils n'avaient ni armes ni munitions.

« A l'heure actuelle, un soldat de ce corps vient nous dire,
« avec un douloureux désappointement que ni lui, ni ses ca-
« marades n'ont encore de cartouches.

« Hier encore, nous recevions du citoyen Doby, rue des
« Batignolles, 13, une communication dont nous détachons
« ces lignes significatives : Je reviens du Ministère de la
« Guerre, où je suis allé pour l'armement de nos francs-
« tireurs du 90ᵉ bataillon. Depuis 3 semaines que je cours
« et que je fais des démarches impossibles, je ne puis ar-
« river à obtenir le nécessaire pour trois cents gaillards
« qui, à eux seuls, valent un bataillon.

« Tout ceci est grave, très grave et il est plus que jamais
« indispensable que ces atermoiements, ces hésitations
« cessent de suite, devant la terrible situation qui nous est
« faite.

« Car il faut plus que jamais triompher.

« Nous faisons donc un nouvel et plus pressant appel au
« patriotisme des membres de la Commune.

« Le citoyen Cluseret, délégué à la guerre peut avoir réor-
« ganisé les bureaux du Ministère.

« Et en cela il a fait son devoir.

« Mais cette réorganisation ne suffit pas... Ce sont les
« services actifs du Ministère qui lui a été confié qu'il faut
« réorganiser activement, énergiquement, intelligemment.

« Le général Cluseret a pris sur ses épaules un lourd far-
« deau, nous le savons...

« Mais il l'a pris. Il faut donc qu'il agisse.

« Nous le disons sans cesse : de l'énergie, de l'activité !
« Le temps presse.

« Encore une fois, que la Commune veille ! »

CASIMIR BOUIS.

Les *Vengeurs de la République*, que M. Bouis garantissait étaient en grande partie vendus à Versailles et, gens très indisciplinés, communiquaient leur indiscipline aux gardes nationaux ; mais ce qui coupe court aux réclamations du citoyen Bouis, c'est que la Commune seule avait le droit d'annuler son décret qui m'interdisait d'organiser, armer et employer tout autre corps que la Garde Nationale. Et si le citoyen Bouis, avant de tremper sa plume dans l'encre et de salir du papier, eût seulement assemblé deux idées à la suite l'une de l'autre, il aurait vu que le droit qu'il reconnaissait au Ministre de la Guerre d'organiser, armer et employer tel corps qu'il eût voulu, lui eût simplement conféré la dictature militaire. Il n'avait qu'à choisir ses éléments et, à un jour donné, les lancer sur l'Hôtel de Ville. En lui refusant ce droit, la Commune agit sagement ; en le lui conférant, Bouis dit une bêtise et en l'attaquant légèrement, au moment où il reconnaît lui-même l'énorme responsabilité qui lui incombait, il commit une mauvaise action.

Etait-ce bien le moment de faire du zèle, de la réclame, sur le dos du Ministre de la Guerre, la plus forte incarnation militaire de la défense de Paris, d'amoindrir son autorité et par suite, venir indirectement en aide aux Versaillais ?

Si chaque chef de bataillon, chaque capitaine ou chaque garde, tous gens aussi inexpérimentés les uns que les autres se fussent arrogé le droit de venir, selon leur caprice, entretenir le Ministre de la Guerre de leurs idées particulières et le plus souvent de leurs billevesées et eussent rencontré dans une presse malveillante un écho bienveillant, comment l'homme à la tête des affaires militaires eût-il trouvé le temps de s'en occuper et comment eût-il pu répondre à chacun et satisfaire tout le monde ?

Ce que réclamaient le commandant du 138ᵉ et celui de Montrouge, cent autres le réclamaient également. Chaque petit galonné n'ouvrait la bouche que pour vanter sa valeur, s'attribuer une importance extrême, enfler outre mesure les dangers courus et conclure invariablement ainsi : « Envoyez des renforts et de l'artillerie. »

Je traitais tout cela avec un souverain dédain. Mes successeurs ont cru devoir agir autrement et soigner leur popularité. Qu'en est-il résulté ? Les dernières ressources de la défense, gaspillées aux avant-postes, sont tombées au pouvoir de l'ennemi avec les travaux avancés et quand il est entré dans Paris, il l'a trouvé sans défense. Car, pour moi, ce n'est pas une défense que ce qui s'est passé du 21 au 28 mai. Si la défense intérieure de Paris eût été organisée, jamais les Versaillais n'en seraient sortis.

Seul juge en pareille matière, je n'admettais d'autre intermédiaire que le général commandant et défendais expressément qu'on fît même attention à toute demande échappant à la filière hiérarchique. Dix ans je serais resté, dix ans les choses se seraient passées ainsi. MM. Bouis, Verlet et consorts ont contribué à mon éloignement. Qu'ils se félicitent du résultat et que le peuple les en remercie.

Quant à l'armement, la meilleure réponse à leur donner, c'est qu'il n'y avait pas d'armes et les municipalités le savaient mieux que moi, puisqu'elles détenaient celles que pouvait rendre le désarmement des réfractaires.

Dans la nuit du 14 au 15 avril une attaque plus terrible que les précédentes, sous le rapport de la durée, eut lieu contre le fort de Vanves. Les rapports suivants diront les faits.

Ministère de la Guerre.

« L'attaque a été très vive cette nuit. Elle s'est portée prin-
« cipalement sur le fort de Vanves qui a soutenu cinq at-
« taques consécutives ; ce matin on voyait encore les voitu-
« tures d'ambulance enlevant les morts et les blessés des
« assaillants.

« Le 86e bataillon mérite d'être porté à l'ordre du jour
« pour sa belle conduite.

« Le commandant Ledrux m'est également signalé par le
« citoyen Eudes pour sa belle défense du fort de Vanves.

« A Neuilly, le combat continue pied à pied, chaque mai-
« son nécessitant un siège. J'ai donné l'ordre d'agir som-
« mairement et de saborder les maisons ; j'ai en outre en-
« voyé des engins de destruction suffisants pour achever
« cette besogne difficile.

« Le gouvernement de Versailles renouvelle pour la se-
« conde fois ses vaines rodomontades et parle de vingt-quatre
« heures pour nous rendre.

« Dans la bouche des gens habitués à capituler, ce lan-
« gage n'a rien de surprenant.

« Travailleurs, que la poudre leur porte votre réponse.

« En somme la situation est bonne ; elle sera excellente
« après l'organisation complète des bataillons de guerre. »

CLUSERET.

5 h. 50 m. matin ; *Général Eudes, Issy, à Ministre de la Guerre et Commission Exécutive.*

« Tout semble fini. La nuit a été terrible ; la bataille a

« duré depuis dix heures du soir. C'est le fort de Vanves
« qui a supporté l'attaque la plus violente. Les royalistes ont
« fait des pertes énormes. Sur toute la ligne ils sont re-
« poussés. C'est une victoire à inscrire sur le drapeau de la
« Commune ; nos fédérés sont des héros. Je vous demande
« de les mettre tous à l'ordre du jour ; mais nous devons
« une mention spéciale au citoyen Ledrux, gouverneur du
« fort de Vanves.

« Je vous adresserai un rapport détaillé quand tous les
« renseignements me seront parvenus. »

« *Le Général commandant les forts du sud :*

EUDES.

Rapport du 14 au 15.

« Une reconnaissance exécutée par le lieutenant Luchot,
« du 185ᵉ, caserné au fort de Bicêtre, a constaté qu'un dé-
« tachement composé d'une vingtaine d'hommes à cheval a
« traversé sans s'arrêter le village de la Belle-Epine. De
« plus, le lieutenant Luchot a pu s'assurer que le petit-Bi-
« cêtre et l'Hay sont occupés par des troupes en nombre
« assez considérable.

« D'après les renseignements qui nous parviennent de
« différents côtés, Bourg-la-Reine, Sceaux et la Croix de
« Berny, seraient les points où se concentrent en ce mo-
« ment les forces de Versailles.

« Hier soir, vers neuf heures, l'ennemi a attaqué sur
« toute la ligne, mais en dirigeant plus spécialement ses
« efforts sur Vanves. La fusillade et la canonnade se main-
« tinrent vigoureusement de part et d'autre jusqu'à deux
« heures et demie du matin. A ce moment les Versaillais se
« replièrent ; mais à quatre heures ils reparurent précédés
« par leurs voitures d'ambulance. S'imaginant qu'ils reve-
« naient tout simplement pour ramasser leurs morts et leurs
« nombreux blessés, nos gardes nationaux, avec la généro-
« sité dont ils ont toujours donné tant de preuves, les lais-
« sèrent approcher jusqu'à 200 mètres. Soudain, des rangs

« de l'ennemi partit une effroyable fusillade et le bruit des
« mitrailleuses, accompagné des feux de toutes leurs bat-
« teries établies à Chatillon et sur Brimborion.

« Revenus bientôt de leur surprise, nos braves gardes na-
« tionaux répondent par un feu des plus vifs à celui de l'en-
« nemi ; les canons des forts et nos mitrailleuses se met-
« tent de la partie et ces efforts combinés ne tardent pas à
« mettre en déroute les Versaillais qui, à 5 heures du matin,
« fuient dans toutes les directions, laissant le terrain semé
« d'un bon nombre de cadavres.

« Ce sont surtout les 182e et 163e à l'aile gauche, le 86e
« et le 110e à l'aile droite qui ont le plus vaillamment sou-
« tenu le choc de l'ennemi.

« L'artillerie du fort de Vanves, sous la direction de son
« énergique commandant Ledrux, a principalement contri-
« bué, par la justesse de son tir, au succès que nous venons
« de remporter. Des éloges sont également dus aux ar-
« tilleurs des forts d'Ivry et de la redoute des Hautes-
« Bruyères. »

Le colonel d'état-major,

N. La Cecilia.

Le général commandant,

Eudes.

Rapport du 14 au 15.

« A huit heures et demie, attaque violente sur toute la
« ligne. Les Versaillais viennent à cent mètres de notre
« barricade (route de Châtillon) avec une mitrailleuse. Le
« 182e les reprend par un feu nourri qui a dû leur infliger
« des pertes sérieuses et les a forcés à la retraite.

« Le 163e, dans la tranchée (aile gauche) soutient la barri-
« cade. Le feu dure une heure et demie et s'arrête.

« Cinq fois de suite l'attaque a été renouvelée du même
« côté ; cinq fois elle a été repoussée, malgré la pluie et le
« vent. L'action s'arrête avec le jour.

« L'artillerie a bien fait son devoir et mitraille l'ennemi
« avec acharnement.

« Les fractions de bataillon présentes au fort ont eu une
« attitude magnifique. La pluie n'a pas arrêté leur feu et il
« a fallu retenir les hommes qui voulaient se mettre à la
« poursuite de l'ennemi.

« Le 86e bataillon a tenu d'une façon surprenante après
« quatre nuits de tranchées. Il a été soutenu par le 110e, sur
« la droite, (côté d'Issy.)

« Aujourd'hui ces bataillons, fatigués, mouillés, remplis
« de fange et de gloire, ont besoin de repos. — Il serait
« urgent de faire relever les 86e et 163e qui, depuis huit
« jours, sont en marche et aux tranchées.

« Sept heures du matin. — Tout est calme ; 7 blessés au
« 86e, sans gravité. — Ce matin, les Versaillais ont ramassé
« leurs morts et blessés. Par un sentiment d'humanité
« qu'ils ne méritent guère, les bataillons des tranchées ont
« cessé leur feu. Mais les chouans, payant ainsi le tribut
« de la reconnaissance, tirèrent sur nos tranchées et le feu
« recommença avec ténacité jusqu'au jour.

« Je vous prie, général, de constater, dans les rapports
« que ce n'est pas le fort d'Issy qui est attaqué chaque jour.
« — Depuis cinq jours des attaques sans nombre ont été
« dirigées sur le fort de Vanves. Les troupes placées sous
« mes ordres réclament cette rectification qui est une juste
« récompense des services qu'elles ont rendus à la grande
« cause qu'elles défendent avec tant de courage et de dé-
« vouement. »

« Vanves, 15 avril 1871. »

Le commandant du Fort,

Ledrux.

C'est ici le lieu de dire un mot de la flotille.

Dès les premiers jours, j'avais réarmé la flotille. Malheureusement, je n'avais que très peu de matelots.

Beaucoup en portaient le costume, mais peu en avaient le droit.

Durassier, le premier que je mis à la tête de cette organisation, était un charlatan ; son successeur, un ivrogne.

Letappy, que j'ai mis à la marine, annexe de la guerre, ne fut pas beaucoup plus heureux. Lullier vint me trouver à plusieurs reprises pour obtenir le commandement. Comme capacité on ne pouvait désirer mieux. Je l'aurais volontiers employé mais la Commune n'en voulait à aucun prix. En sorte que les pauvres canonnières ne furent jamais commandées. Elles firent néanmoins un service appréciable et concoururent efficacement à la défense des forts. Les marins qui les montaient à la fin étaient de bons et braves matelots qui, sous le pavillon de la Commune, soutinrent bravement la réputation traditionnelle des marins français.

Chapitre VII

LE SIÈGE DE NEUILLY

Marche en avant des fédérés. — Nouvelles batteries en lign[e]
— Maladresses à l'intérieur. — Vermorel méconnu. — Bêtis[e]
des plumitifs. — Abus des projectiles. — Dombrowski [à]
l'œuvre. — Renforts à Versailles. — Le rôle de la cavaleri[e]
— Prolongation de la lutte. — Nos pertes au 16 avril.

Le 16, je reçus le rapport suivant de Dombrowsk[i]

Quartier Général de Neuilly au Citoyen Général, Ministre de [la] Guerre.

16 avril, 3 heures.

« Le siège de Neuilly avance ; nous occupons tout u[n]
« nouveau quartier ; nous avons emporté 3 barricades e[t]
« même, sur l'une d'elles, pris un drapeau aux zouave[s]
« pontificaux et un drapeau de l'infanterie de ligne.

« L'esprit des troupes est bon ; la Garde Nationale fai[t]
« des progrès et montre beaucoup d'entrain.

« *Le commandant de la Place de Paris*
J. DOMBROWSKI.

De plus, je reçus le rapport suivant :

Poste-Vallier, 11 heures.

« Pris deux drapeaux, six zouaves pontificaux, lesquel[s]
« se servent de projectiles explosibles et de ball[es]
« mâchées. »

Il vint, en outre, en personne, me confirmer que les zouaves pontificaux prenaient part au combat et, pour preuve, envoyait à la Commune, par un officier blessé dans le combat, un drapeau pontifical pris à l'attaque de l'église de Neuilly. Il avait, en outre, des prisonniers en uniforme de zouaves pontificaux. Il est vrai qu'il y avait aussi un drapeau américain. Y avait-il des Américains du côté de Versailles? Dombrowski, en vrai gascon du Nord, me contait-il une gasconnade? Les deux hypothèses sont également admissibles. Dombrowski m'envoya un jour, ainsi qu'à plusieurs membres de la Commune, un magnifique jambon. Ce jambon provenait du magasin des gendarmes, enlevé d'assaut, etc., etc...; à quelques jours de là, je recevais du propriétaire des jambons une facture non acquittée, mais qui demandait à l'être. Lesdits jambons provenaient tout simplement du magasin de l'auteur de la facture, on les lui avait pris. Rien de plus. Que j'en ai vues de ces gasconnades dans l'armée d'Afrique! Quant aux Américains, je ne serais nullement étonné que quelques fils de *Shodies* ou crevés américains soient venus se ranger côte à côte avec leurs congénères français.

N'ayant pas encore été mis en éveil par la facture des jambons, je crus fermement à la présence des pontificaux et rien ne me dit que ce ne soit pas vrai, car les Versaillais seuls démentent le fait. En conséquence j'adressai à la Commue le rapport suivant :

Rapport du Délégué de la Guerre à la Commune de Paris.

« Les zouaves pontificaux sont définitivement entrés en ligne
« avec les gendarmes et les sergents de ville. C'était leur place

« naturelle et ils auraient dû l'occuper depuis longtemps.

« Ils ont été cernés dans l'église de Neuilly où il y a eu « lutte acharnée et combat corps à corps.

« Le citoyen Leullié, au milieu d'une pluie de mitraille « et d'obus, a planté le drapeau de la Commune sur le « sommet de l'Eglise.

« Cet enfant mérite des louanges. Il sera un homme.

« L'énergie indomptable de nos braves citoyens rend la « position intenable pour les Versaillais. »

Paris, le 16 avril 1871.

Le Délégué à la Guerre,
CLUSERET.

Pendant ce temps, suivant la ligne que je m'étais tracée, de remplacer autant qu'il était en mon pouvoir les hommes par des machines, j'élevai trois nouvelles batteries au Point-du-Jour à Auteuil et à la Muette.

Du côté de Versailles tout allait bien, mais du côté de Paris, il n'en était pas de même.

La préfecture de police ne fonctionnant plus, ou fonctionnant à tort et à travers, me causait plus de soucis que Mac-Mahon.

Raoul Rigault jouait à la police au lieu d'en faire, mettait tout sens dessus dessous et désaffectionnait petit à petit le monde timoré qui faisait notre appoint. Il était facile de s'en apercevoir par la différence du nombre des votants au 26 mars et au 16 avril... on arrêtait les prêtres, fermait les églises, prenait tel ou tel ôtage au hasard, on réquisitionnait, ou perquisitionnait, le tout à propos de bottes. Ma défense en devenait très difficile, tant au point de vue de la Garde Nationale qu'on mettait sur les dents avant de combattre, qu'à celui des effectifs qui diminuaient par le dégoût d'une cause qui cessait d'être celle de la Liberté.

J'interdis à la Garde Nationale de servir plus longtemps de jouet à ces farceurs par les ordres suivants :

« Le Délégué à la guerre prévient le public que toute
« réquisition faite sans un ordre écrit et revêtu du timbre
« de la Délégation de la Guerre, est illégale.

« En conséquence, il ne sera pas fait droit aux récla-
« mations qui seront présentées sans le bon de réquisition
« régulier.

« La Garde Nationale est invitée à prêter main-forte pour
« arrêter tout individu qui chercherait à faire des réquisi
« tion sans mandat régulier. »

G. Cluseret.

« Le Délégué à la Guerre apprend que des officiers des
« postes ou des gardes nationaux portent atteinte à la li-
« berté individuelle en arrêtant arbitrairement, sans man-
« dat régulier, dans les domiciles particuliers, dans les
« lieux publics, sur la voie publique, des citoyens sus-
« pects à plus ou moins bon droit.

« En attendant que la Commune ait pris à cet égard des
« mesures définitives, le Délégué à la Guerre rappelle aux
« gardes nationaux qu'ils ne peuvent faire d'arrestations et
« intervenir dans l'ouverture et la fermeture des lieux
« publics qu'en vertu d'ordres réguliers émanant de l'au-
« torité compétente.

« Toute infraction au présent avis sera déférée au conseil
« de guerre. »

G. Cluseret.

L'autorité compétente c'était moi ; et pour le prouver je fis arrêter immédiatement le commissaire ou l'agent qui avait donné l'ordre aux gardes nationaux de fermer Saint-Roch et d'arrêter le curé. Un grand jeune homme barbu, se disant commissaire et s'appeler

Moussu ou Lemoussu, étant venu réclamer, porteur d'un ordre de Rigault je lui répondis que si lui ou Rigault me gênaient dans ma défense, j'arrêterais l'un et l'autre sans plus de façon.

Ils se le tint pour dit et se retira. Mais à quoi cela servait-il ? Je ne pouvais être au four et au moulin. Tout entier à ma défense et à mon organisation, je n'avais pas le temps de m'occuper de la police générale. J'avais proposé Vermorel qui eût admirablement rempli les fonctions ; mais il il était de mode de s'en méfier. Du reste, il suffisait de s'élever tant soit peu au-dessus du niveau intellectuel des phraseurs de quartier, — et Dieu sait s'il est possible d'être au-dessous, — pour être suspect.

Pauvre Vermorel, ils l'ont vu à l'œuvre. Puisse son exemple ne pas être perdu pour le peuple et lui apprendre à être un peu plus circonspect ! Il a acclamé Gambetta, Jules Simon, Jules Favre, a-t-il eu de plus cruels ennemis ?

Il a traité Vermorel de mouchard et Rochefort, avec sa légèreté habituelle, s'est fait l'écho de cette calomnie, comme, au 5 septembre, il m'accusait d'être un fauteur de guerre civile et, au 31 octobre, Pyat d'être un traître pour avoir annoncé la capitulation de Metz dont lui, Rochefort, lui avait donné la nouvelle [1].

Cependant Rochefort n'est pas un méchant homme,

---

[1] Aujourd'hui toujours aussi léger Rochefort a pris la succession de Déroulède qu'il baffouait naguères. Il encense Boulanger qui soupe et injurie grossièrement ce pauvre Joffrin qui ne soupe pas.

Au demeurant toujours marquis, avec cette différence que les marquis d'autrefois n'écrivant pas n'avaient pas besoin de sabre pour tailler leur plume.

loin de là ; il a une qualité aussi précieuse que rare, celle de pardonner aux autres le mal qu'il leur a fait. Je suis sûr qu'il ne m'en veut pas plus qu'à Pyat ou à Vermorel. Chose peu commune, car généralement nous en voulons plus aux autres de nos torts que des leurs.

Vermorel, mouchard, lui qui a payé ses convictions de sa vie ! J'ai vu son dossier à la préfecture de police et j'ai eu tout le temps de le compulser. Rien de tant soi peu suspect et c'était, parmi nous, l'un des plus filés.

Travailleurs, un peu moins de précipitation, d'engouement, et un peu plus de réflexion dans vos jugements sur les hommes qui se dévouent à la défense de vos intérêts. Ne faites pas fi d'eux et ne dites pas comme l'Italie : *L'Italia farà da sè*. Pas plus qu'elle vous n'êtes encore à même de vous passer du dévouement d'hommes auxquels l'instruction ou l'expérience pratique ont donné une valeur que vous n'avez pas encore pu acquérir. Surveillez-les, servez-vous-en, *tenez-les à l'écart ;* mais ne les calomniez pas.

Vermorel essaya de mettre un peu d'ordre dans le désordre causé par la police. Protot lui-même, alors très jeune, comprit la nécessité de réformer la police, mais le premier, seul, eut l'énergie d'attaquer la bête dans son antre.

La Commune fit bien des lois, dont Protot, son Ministre de la justice, devait assurer l'exécution, mais il ne le put, ou ne le sut. En sorte que la préfecture de police, Etat dans l'Etat, continuait à faire de son caprice la loi suprême de Paris.

Exemple : toute arrestation devait être signalée au

Ministre de la justice dans les 24 heures et dans les 48 il devait être statué sur sa validité. Cette loi, une des plus belles faites par la Commune, ne fut jamais exécutée. J'en sais quelque chose. Comme j'en parlais plus tard à Protot, il me répondit : « Eh ! mon cher, vous « savez bien qu'on ne fait des décrets que pour les vio-« ler. » Je crois qu'aujourd'hui Protot pense et agirait tout autrement. Le malheur de la Commune fut son extrême jeunesse.

Le *Cri du Peuple* continuait son travail de désorganisation par la réclame individuelle, sans souci de la vérité et du salut public. Un certain Verlet, commandant du 192ᵉ bataillon on ne sait pourquoi, puisqu'il était journaliste et rien de plus, écrivait à Vallès :

« Mon cher Vallès,

« Le 192ᵉ, qui a passé trois jours et trois nuits sur les
« barricades de Neuilly, a obtenu vingt-quatre heures de
« repos. J'en profite pour vous donner mon opinion sur la
« position qui nous est faite aux avant-postes.

« Auparavant, permettez-moi de saluer une dernière fois
« les braves qui sont tombés pour la défense de la Répu-
« blique et de la Commune.

« Mon bataillon a été, en effet, cruellement éprouvé. Les
« gardes Fourlage, Champ, Soumillon, Pondruel, Parent,
« le caporal Delcourt, âgé de 18 ans, les sergents Richard
« et Francort, ont été tués. Les gardes Regnault, Montel,
« Lachaix, Bourgoin, Hurel, Lescombes, Dutheille, Marces,
« Fridart, Roger, Maillard, le capitaine Cominat, le capi-
« taine adjudant-major Goury, ont été blessés. Quelques-
« uns d'entr'eux, je le crains, succomberont, malgré les
« soins empressés qui leur ont été prodigués.

« Je tiens à signaler et à remercier publiquement les
« majors Gougnou et de la Vallette, l'aide du 192ᵉ, Roger,

« qui, à l'ambulance de Neuilly, se dévouent nuit et jour
« au pansement des blessés.

« Ils sont, du reste, parfaitement secondés par la vivan-
« dière des *Vengeurs de Paris*, qui a relevé elle-même plu-
« sieurs gardes tombés au pied des barricades.

« Notez encore la citoyenne Goulain, vivandière du 192e,
« qui se fait bénir par les victimes de cet épouvantable
« guerre d'avant-postes, et qui a ramené au feu quelques
« gardes du 35e bataillon, saisis d'une panique intempes-
« tive.

« Tout le monde, d'ailleurs fait, à Neuilly, son devoir, à
« commencer par le général Dombrowski, dont le sang-
« froid et le courage sont admirables. J'ai rarement vu un
« homme aussi intrépide. Sa crânerie fait la meilleure im-
« pression sur les fédérés et les transforme en héros.

« Avec un pareil chef et de tels soldats, la victoire serait
« assurée dans un délai excessivement court, *si l'incurie*
« *d'en haut n'était aussi grande.*

« Et pourtant jamais les circonstances n'ont été aussi
« belles !

« L'armée de Versailles combat avec la plus grande
« mollesse. Elle bat constamment en retraite, laissant sur
« le terrain ses morts et ses blessés. L'ardeur de la Garde
« Nationale *m'effraye*.

« Mais la victoire ne sera assuré que le jour où le
« Ministre de la Guerre, organisateur de la désorganisa-
« tion, mettra à la disposition des combattants de Neuilly
« une puissante artillerie.

« On nous donne des pièces de 12 *sans munitions*, des
« mitrailleuses *sans culasse*, des bataillons *sans* chefs, des
« officiers sans soldats.

« J'ai vu envoyer à Paris estafettes sur estafettes pour
« réclamer munitions et renforts. Rien n'arrivait.

« L'ennemi assassinait nos soldats, abandonnés sans
« cartouches, sans vêtements.

« On recommence la guerre à la Trochu.

« Au lieu de démolir les maisons à coups de canon, il

« faut les prendre à la baïonnette. Résultat : des hommes
« tués sans profit.

« On n'a pas une seule bombe à pétrole !

« Au point qu'avant-hier, un de mes camarades a dû
« mettre le feu à une maison *avec des allumettes,* lorsqu'il
« eût été avantageux de la faire sauter.

« Pour moi, qui n'ai jamais aimé les dictatures mili-
« taires, je bondis de rage lorsque je vois un Ministre
« rendre des décrets alors qu'il devrait agir,

« Que cela soit bien entendu, car il y va du salut de
« Paris et de la République.

« *Sans canons nous n'arriverons à rien.*

« *Sans munitions, nos concitoyens seront inutilement mas-*
« *sacrés.*

« Et si la Commune a conscience de son mandat, elle
« reprendra la direction des opérations militaires, qu'elle
« a compromises en les confiant à des mains incapables. »

Henri Verlet.

On ne pourrait pas, je le crois, citer un second cas de semblable licence tolérée par un gouvernement quelconque vis-à-vis du dépositaire de son autorité militaire en face de l'ennemi. Ni Garibaldi, ni Lincoln, ni aucune des juntes insurrectionnelles de l'Amérique du Sud n'eussent toléré semblable mépris des nécessités les plus élémentaires de la guerre. Comment demander aux hommes le sacrifice, le dévouement, l'abnégation nécessaires à la victoire, quand leurs officiers crient par dessus les toits : « Celui qui nous commande vous « et moi est un âne ou un traître ? » Le fût-il que le silence en public serait encore une mesure de salut public et si M. Verlet, homme très expérimenté dans les choses de la guerre, croyait ce qu'il disait, son devoir était d'adresser ses observations à la Commune directement et de lui demander une enquête sur ma conduite. C'est déjà une monstruosité qu'un mince chef de bataillon se fasse l'accusateur de son chef suprême devant le gouvernement ; cependant, tenant compte de l'état révolutionnaire et des milieux, passe encore, mais au moins il n'y a pas scandale public, ni découragement semé dans les rangs et le gouvernement a les moyens d'apprécier. Car on peut admettre que, malgré leur grande expérience et leur savoir approfondi, les Verlets peuvent, comme tout le monde, se tromper, par hasard.

Or, ce Verlet était un des plus acharnés à se plaindre de ce qu'on ne relevait pas assez souvent les bataillons de tranchée, ce qui signifiait simplement : « Je préfère les boulevards et le café de Madrid à la tranchée. » J'ai été vingt fois m'enquérir, par moi-même, de l'état des esprits à cet égard. Et toujours j'ai trouvé la même chose : officiers, grognons proportionnellement à leur médiocrité militaire, soldats dévoués et ne se plaignant que peu ou pas. Quand ils se plaignaient, on pouvait être sûr que le commandant était un Ferrat ou un Verlet.

En revanche la masse était de l'avis du brave Chassaing, adjudant de tranchées aux Moulineaux poste le plus exposé de tous, qui terminait ainsi une rectification adressée au journal de M. Verlet :

« Je vous prie, citoyen rédacteur, de relater ces faits
« dans votre journal, car, malgré les souffrances que nos
« hommes endurent, nous ne demandons pas à être relevés
« des tranchées, que nos braves gardent avec le plus grand
« courage. »

Oui, ils les gardaient avec courage ! Oui, ils enduraient de grandes privations et couraient de grands dangers ! Et ce n'était pas pour trois jours, comme M. Verlet, mais pour quinze jours au minimum que les braves défenseurs des Moulineaux restaient à la tranchée.

Les attaques ne discontinuaient pas contre les forts du centre et contre Neuilly. Voici le rapport de la nuit du 18 au 19 avril.

18 avril, 11 h. soir Asnières.

Guerre à Commune.

« Rapport du Colonel Okoloivitz déclarant journée satis-
« sante sous tous les rapports ; s'est maintenu dans
« Asnières à la tête du pont et n'a pas coupé le pont de
« bateaux. »

Le chef d'état-major.

Rapport du 18 au 19 avril

Aux citoyens membres de la Commission exécutive.

« Citoyens,

« La nuit a été très tranquille ; nos forts ont échangé de
« rares coups de canon avec l'ennemi ; nos avant-postes ont
« tiré à peine quelques coups de fusil.

« Une reconnaissance, sortie dans la soirée d'hier du fort
« de Vanves, a rencontré une patrouille versaillaise ; elle
« l'a attaquée et mise en fuite, mais deux francs-tireurs ont
« été tués. Une autre reconnaissance partie du Moulin
« Laquet, a constaté la présence de quelques éclaireurs
« ennemis à la Croix-Blanche, à Thiais et à Villejuif.

« Aux environs de l'Hay, un détachement du 98e bataillon
« a mis en déroute un peloton de cavalerie et lui a tué
« deux hommes et un cheval.

« Le commandant de la redoute des Hautes-Bruyères me

« signale la présence d'un grand nombre de gendarmes,
« de fantassins et de chasseurs aux alentours de cette posi-
« tion. »

Par ordre :

Le colonel, chef d'état-major des forts du Sud :

La Cecilia.

Rossel, que j'avais envoyé faire une inspection du matériel et des magasins des forts, revint en me disant — ce que je savais bien — qu'on gaspillait les munitions. Au seul fort de Vanves il m'assura qu'on avait tiré 16,000 coups, ce qui me mettait dans des colères bleues. Il n'y a pas d'avare pour soigner son trésor comme moi, mes hommes et mon matériel. C'est ma caisse, après tout. Ce rapport de Rossel me détermina à publier l'ordre du jour suivant :

« Il se fait depuis quelque temps une consommation
« excessive de projectiles dans les forts ; celui de Vanves
« en a consommé à lui seul 16,000. Outre l'inconvénient de
« brûler inutilement de la poudre, de dépenser en pure
« perte l'argent du peuple et de faire naître l'inquiétude
« dans les esprits, cette pratique prouve plus d'entraîne-
» ment que de sang-froid.

« Le Délégué à la Guerre prévient les gardes nationaux et
« le commandant du fort qu'à l'avenir il ne sera plus fait
« droit aux demandes de munitions au delà du nombre de
« coups alloués à chaque fort pour sa défense. »

Paris, 19 avril.

Le Délégué à la Guerre,

Cluseret.

Cet ordre donna lieu à de vives réclamations de la part des artilleurs du fort de Vanves et de son commandant. Ils prétendirent qu'il y avait exagération. Le fait est que la somme totale des projectiles délivrés par les arsenaux au fort n'atteignait pas, ce chiffre. Mais il pouvait y en avoir dans la poudrière du fort. Si j'avais connu à cette époque le peu de franchise de Rossel, j'aurais vérifié moi-même au lieu de m'en rapporter à son dire.

Ce même jour, j'adressai à la Commission exécutive la dépêche suivante :

19 avril, 4 heures.

« Nous sommes attaqués sur toute la ligne. »

J'avais reçu dans la matinée le rapport suivant de Dombrowski :

« Aujourd'hui à l'aube nous étions attaqués par de fortes
« colonnes de ligne et nos postes avancés, trompés par les
» signaux amicaux des lignards, ont été surpris. Mais j'ai
« pu promptement rétablir le combat. »

DOMBROWSKI.

A 4 h. 15 je recevais de Dombrowski le rapport suivant :

Paris, 19 avril, 4 h. 15 soir.

« Après un sanglant combat, nous avons repris nos posi-
« tions. Nos troupes, portées en avant sur notre aile
« gauche, s'emparèrent d'un magasin d'approvisionnements
« de l'ennemi, dans lequel nous avons trouvé soixante-
« neuf tonneaux *contenant du jambon*, du fromage et du
« lard.

« Le combat continue avec acharnement ; l'artillerie
« ennemie, placée sur la hauteur de Courbevoie, nous
« couvre de projectiles et de mitraille, mais malgré la viva-
« cité de ses feux, notre côté droit exécute, en ce moment,

« un mouvement dans le but d'envelopper les troupes de
« ligne qui se sont engagées trop en avant. Il me faut cinq
« bataillons de troupes fraîches, deux mille hommes au
« moins, parce que les feux ennemis sont considérables. »

DOMBROWSKI.

A 5 heures 27 minutes, j'adressai cette seconde dépêche :

« Bonnes nouvelles d'Asnières et de Montrouge. Ennemi
« repoussé. »

En fait, l'attaque générale, furieuse, dont on nous menaçait depuis longtemps, dont on avait fait tant de flafla, qu'on avait annoncée au général Fabrice, lequel avait dû conseiller officieusement à toutes les Légations d'abandonner Paris, venait d'avoir lieu.

« *Parturient montes, nascitur ridiculus mus.* »

Ce sont les fameux jambons dont j'ai parlé plus haut dont il s'agit dans ce rapport de Dombrowski. C'était lui qui avait également inspiré la lettre de Verlet. Devant moi, Dombrowski conservait toute la déférence et le respect que le subordonné doit à son supérieur. Il savait bien que pour un chef de son importance, je ne me serais pas servi des moyens ordinaires et que je lui aurais brûlé la cervelle s'il avait bronché. Mais en sous-main il faisait agir, envoyait des rapports directement à la Commune. Je le mis aux arrêts pour ce fait. Alors c'était une erreur de l'ordonnance qui se trompait d'hôtel et portait à l'Hôtel de Ville ce qui était destiné au Ministère de la Guerre. C'était lui qui faisait dire par ses Varlets, et il n'y en avait pas qu'un, qu'on lui refusait des renforts, ce qui était faux. Chaque fois que

Dombrowski me demanda des renforts, je les lui ai envoyés, à l'exception d'une seule fois, où il voulait 4,500 hommes pour tenter un coup stupide. Il voulait aller par le fossé du bois de Boulogne prendre le parc de Neuilly par le quai. Je savais que toutes les maisons bordant la Seine étaient bourrées de troupes, que les murs et les maisons étaient crénelés. Mes 4,500 hommes auraient fondu comme beurre au soleil.

Dombrowski faisait en outre réclamer par ses polonais — qui n'ont jamais douté de rien — et ils étaient nombreux, le commandement en chef. Pauvre homme ! Qu'en eût-il fait ? Quand, cédant à la pression de l'opinion, j'élargis son commandement et lui confiai toute la rive gauche, il ne pouvait seulement, de son quartier général, situé à la Muette, embrasser la porte de Saint-Cloud. Il ignorait que le 64ᵉ avait abandonné cette position et quand il l'apprit, perdit la tête et ne sut rien faire pour empêcher les Versaillais, que Ducatel ne pouvait déterminer à enfoncer une porte ouverte, d'avancer.

Il faut d'autres organisations que celle de Dombrowski pour faire des généraux en chef. Peut-être, par la suite, eût-il pu faire un bon divisionnaire, mais un commandant en chef ! Sa cervelle n'avait pas les proportions voulues !

Quant au peuple, un colonel de zouaves sera longtemps encore pour lui le type du général en chef. De Napoléon, ce qu'il a le mieux retenu, c'est le pont d'Arcole où il n'était pas.

Le 23 avril l'assemblée rurale, furieuse de ne pouvoir

entamer la défense de Paris, créa deux nouveaux corps d'armée, les 4° et 5°.

Ces corps étaient spécialement composés des débris de la garde impériale et de l'armée du Rhin. C'était l'appoint fourni par Guillaume à Thiers contre la République : 15 divisions d'infanterie représentant au bas mot 100,000 hommes et 71 batteries d'artillerie de campagne, sans compter les innombrables pièces de position, allaient entrer en ligne contre nos 41,500 hommes et nos deux batteries de campagne (alors 30,000 hommes seulement ; je ne compte pas les sédentaires qui ne pouvaient être employés à l'extérieur). Je laisse de côté la cavalerie, de nul effet en dehors du service d'éclaireurs et, dans l'espèce, ce service était complètement sans objet.

Quand j'écrivais, en 1868, dans mon livre « Armée et démocratie », cette vérité que le rôle de la cavalerie comme élément tactique était fini, on ne voulut pas me croire, on en fit des gorges chaudes, mais les faits ne tardèrent pas à me donner raison.

Qu'est-il advenu des cuirassiers de Reischoffen ? Le voici : les cuirassiers de France pour la plupart Alsaciens, reçurent de leur général l'ordre inepte de charger.

Héroïques, grands, plus encore par le cœur que par la taille, ces géants du peuple se ruèrent, avalanche d'acier, sur un carré de feu.

Erreur contre erreur, charge contre sens. Carré contre sens.

Du choc de ces deux aveuglements, la fumée dissipée, voici ce qui restait :

Le carré intact ; au centre un immense cuirassier, un sous-officier, le casque troué, la cuirasse faussée, le sabre dégouttant de sang.

— Rendez-vous ! lui crie le commandant du carré. Ce qu'il allait faire quand une brute à tête carrée l'abattit d'un coup de fusil.

Sur la face attaquée des monceaux de cadavres ; au loin des chevaux avec ou sans cavaliers fuyant éperdus.

En les voyant charger, notre vieil ennemi, le teuton Guillaume, ne put s'empêcher de crier : Ah ! les braves gens !

Oui, braves, mais bêtes aussi.

Toujours les lions aux ordres d'un âne.

L'avertissement que je donnais en 1868 n'était pas une vaine discussion théorique. C'était le résultat de mon expérience pratique. Six ans auparavant j'avais détruit en une heure et sans carrés, les deux troupes de cavalerie les meilleures sans comparaison que j'ai rencontrées dans ma longue carrière. Et j'ai vu la cavalerie anglaise à Balaklava, la cavalerie allemande en 1870 *et la cavalerie russe en* 1878 [1].

Mères françaises, réfléchissez mûrement à ces choses et faites des vœux pour que cette fois encore, ma voix ne soit pas : *Vox clamans in deserto*, car si nous n'avons plus d'Alsaciens, nous avons encore des dragons et des cuirassiers, gens à faire charger et, par conséquent, à faire tuer.

Le rôle de la cavalerie étant tout autre, tout autre devrait être son recrutement et son instruction.

[1] Ajouté récemment.

Le rôle du cavalier moderne est celui de *scout* et celui de la cavalerie est d'être *a scouting party*. Ce n'est pas le Prussien que nous avons à copier, c'est l'Américain, plagié et mal plagié par l'Allemand en 1870.

Qu'est-ce qu'un *Scout* ? Un œil et une intelligence montés sur quatre pattes afin de voir de plus haut et plus vite, partant, mieux.

Seulement pour ce rôle il faut être avant tout *Smart*, c'est-à-dire intelligent, actif, avoir bon pied, bon œil, l'imagination fertile en expédients et le moral à la hauteur des circonstances quelles qu'elles soient. La cervelle seule doit peser et un cheval peut en porter beaucoup, mais ce qu'il ne pourrait porter indifféremment, c'est un poids de 300, de 200 ou de 150 livres.

Donc, tout au rebours de ce qui se fait actuellement, les grands, gros, bêtes, à la cavalerie qui charge et dont le maximum d'effet est représenté par la masse multipliée par la vitesse, il faut donner les minces, nerveux, à mine futée à la cavalerie de l'avenir chargée d'éclairer et non de charger.

Les Allemands ont entrevu la vérité, dévoilée par nous en 1862, mais leurs uhlans sont une bien pâle copie de mes anciens *scouts*.

En France, rien, absolument rien n'a été tenté. Et si demain une nouvelle invasion mettait au clair le sabre de la cavalerie, on verrait les Gallifets prendre de jolis airs de gentilshommes, affecter de mettre leurs gants avant de charger, commander la charge, faire tuer leurs hommes, eux peut-être, ce qui ne serait pas grand dommage — et un public *idiot* battre des mains ! Vous croyez peut-être que le peuple français a tiré un enseignement salutaire de la catastrophe de Reischoffen? Erreur complète. Le peuple n'a retenu qu'une chose : la pose dramatique du grand cuirassier pénétrant dans le carré. Pour cette pose, il est prêt à charger de nouveau.

Et peut-il en être autrement dans un pays où toute liberté est conspuée et toute autorité vénérée ? Qu'est-ce que la force brutale sinon l'image de l'autorité et qu'est l'intelligence sinon celle de la liberté ?

Pénétrez dans un mess d'officiers de cavalerie et alors seulement vous pourrez avoir une idée des bas-fonds insondables, de l'atrophie intellectuelle. On les appelle : « hommes de cheval. » Il y a deux mots de trop.

Qu'on me pardonne cette digression ; elle n'est pas inutile.

Je reviens à l'effectif des forces en présence. J'ai dit l'immense déploiement de celles de Mac-Mahon. Je n'en fus nullement troublé.

Les hommes qui n'ont pas une grande expérience pratique du métier accordent généralement trop d'importance au nombre. Cette importance est proportionnelle à l'échiquier. Un général habile peut toujours paralyser, au moins dans de très fortes proportions, l'effet du nombre.

Dans l'espèce que me faisait le nombre ? Mac-Mahon, une fois les abords pris, et je savais bien ne pouvoir les défendre indéfiniment, ne pouvait plus agir que par des têtes de colonnes ; les miennes valaient mieux que les siennes. Il pouvait, il est vrai, les renouveler plus souvent que moi, mais cet avantage était bien compensé par les dangers et charges inhérents aux grandes masses immobilisées. Il n'y a pas de camps prolongés qui n'engendrent la fermentation militaire, d'où se dégagent l'indiscipline et la démoralisation. En Crimée l'indiscipline des meilleures troupes était incroyable. Je me rappelle avoir été forcé d'attacher des hommes aux gabions en face du Mamelon Vert pour dompter l'insubordination. Quand Pellissier fit donner l'assaut il n'était que temps. S'il n'eût pas réussi, les troupes se fussent débandées et on aurait eu le spectacle le plus écœurant. Il faut pour sauver la discipline et le moral des troupes en campagne, les tenir toujours en mouvement. Là était le danger pour l'armée versaillaise. Et là aussi était une des causes du système adopté par moi. Opposer des têtes de colonne, multiplier les obstacles matériels et ménager les hommes.

Pour la Garde Nationale l'inconvénient n'était plus le même ; relevé du service aux avant-postes le garde national rentrait dans la famille et y faisait peau neuve. Il puisait là de nouvelles forces morales et loin de m'affaiblir le temps me fortifiait. Or, tout ce que je voulais, je l'ai dit, c'était gagner du temps pour forcer la France à intervenir entre Versailles et Paris, ce qui ne pouvait manquer et nous assurait gain de cause.

J'ai souvent réfléchi à la disproportion des forces françaises et allemandes au début de la guerre de 1870. Si, au lieu d'agir avec la présomption qui caractérise les généraux français, on eût agi avec toute la circonspection qu'imposait la différence des effectifs, il est très probable qu'on eût pu gagner le temps suffisant pour organiser la France militairement.

Il suffisait de faire la part du feu et d'occuper fortement les défilés, n'offrant que des têtes de colonne et manœuvrant sans cesse derrière elles, surtout avec des colonnes volantes. Les Vosges et les Ardennes étaient admirablement adaptées à ce genre de guerre.

Mais, avec le caractère français qui ne doute de rien et professe sur tout, on aurait probablement traité le général assez patriote et assez habile pour adopter une semblable tactique comme la Commune m'a traité.

Le 20 avril, je fis paraître l'ordre du jour suivant :

« Le général Eudes est nommé Inspecteur Général des « forts de la rive gauche de la Seine.
« En conséquence, il aura droit d'inspecter le matériel « ainsi que le personnel, de se faire rendre compte de tout « ce qui a trait au service et représentera le Délégué à la « Guerre auprès des commandants des forts. »

En remplaçant Eudes j'espérais mettre fin à l'anarchie, au gâchis sans nom dont Issy était le foyer. Rossel me conseilla fortement de le remplacer par le colonel Woetzel, commandant la 13me ou 14me Légion. Il s'appuyait sur ce que cette Légion était une des mieux tenues. J'eus grand tort de l'écouter et de ne pas mettre immédiatement La Cecilia à la place d'Eudes. Rossel n'avait aucune connaissance des hommes et quand parfois il tombait juste, comme avec Mayer, la jalousie lui faisait démolir ce qu'il avait contribué à édifier. Il avait la haine instinctive de toute capacité.

Woetzel ne fit pas mieux qu'Eudes au point de vue disciplinaire, et peut-être moins au point de vue militaire. Comme son prédécesseur il était très brave et fut tué par l'ennemi.

Aussitôt qu'Eudes eut quitté son commandement il

me fallut le pourvoir d'un palais. L'Elysée avait ses préférences, mais je le forçai de se contenter de la Légion d'honneur.

Le peuple se contentait bien de la tranchée ou d'une mansarde.

Le 21 avril, nouvelle attaque.

J'adresse à la Commune le rapport suivant :

« 21 avril, 5 h. du soir. »

« La position de Neuilly a été ce matin fortement
« canonnée par le Mont Valérien et les batteries du rond-
« point de Courbevoie.

« Celle d'Asnières, fortement attaquée par des colonnes
« précédées de nombreux tirailleurs, résiste avec succès.

« Nos batteries élevées sur le viaduc d'Asnières et les
« points adjacents ripostent et obligent l'ennemi à se re-
« plier en désordre.

« En ce moment l'ennemi continue sa retraite sur tous
« les points ».

Le Délégué à la Guerre,
G. CLUSERET.

« 21 avril, 11 h. 15 m. soir. »

Même au même :

« Une attaque sur Montrouge. L'ennemi repoussé sur
« Bagneux, avons eu 7 blessés. »

Tous ces combats, à partir du 2 avril jusqu'au 10 nous avaient coûté sept-cent vingt-huit blessés, pas un de plus. L'officiel des 21 et 22 avril contient les noms de chacun d'eux. Si j'avais écouté les criailleries des Verlets et satisfait aux demandes des mille petits crevés militaires qui tous voulaient avoir des renforts dont ils étaient incapables de tirer parti, j'aurais facilement pu multiplier ce chiffre par 10 et par 20, comme l'ont fait Rossel et Delescluze.

Je demande aux parents des gardes nationaux ce qu'ils préfèrent du système Verlet ou du système Cluseret.

Chapitre VIII

BATONS DANS LES ROUES

Une séance de la Commune. — Réorganisation des services. — Le rôle de Delescluze. — Réélection du délégué à la guerre. — La Commission militaire. — Gambetta voulait me faire fusiller. — Nouvelles et dangereuses intrigues. — Rossel se décourage. — Double jeu.

Le 20 avril, je me rendis à la Commune pour protester contre la décision de la Commission exécutive qui avait rendu l'arrêt suivant :

« La Commission exécutive, prenant en considération
« les antécédents démocratiques du citoyen Girod, chef du
« 74me bataillon, condamné à mort par la Cour Martiale
« pour avoir refusé de marcher contre l'ennemi, a commué
« sa peine.
« Le condamné Girod subira la dégradation civique et
« militaire et restera emprisonné pendant la durée de la
« guerre. »

J'ai dit ailleurs ce qui s'était passé à cet égard ; comment, sans le savoir, j'avais sauvé Rigault et sa Commission de sûreté générale ; comment je ne pris pas cette tête que j'arrachai à la Commission exécutive et qu'il n'était plus temps de prendre.

J'ai dit aussi comment, dans cette séance, Rastoul demanda la dictature et quelles furent les deux seules voix qui spontanément s'opposèrent à toute prise en considération.

A la suite de cet incident qui termina la séance secrète, Paschal Grousset fit une proposition ainsi conçue :

« La Commune,

« Considérant, d'une part, qu'il faut en finir avec les « conflits d'attributions qui se produisent tous les jours « devant elle, et qu'on ne peut en finir que par une réorga- « nisation radicale ; qu'il y a convenance à faire participer « les nouveaux membres de la Commune à son organisa- « tion ;

DÉCIDE :

« 1º Toutes les Commissions de la Commune seront « immédiatement refondues et leurs attributions définies.

« 2º Chaque Commission désignera un de ses membres « pour prendre la direction du service qui la concerne « sous son contrôle direct et en être responsable devant la « Commune.

« 3º La Commission exécutive sera composée de la « réunion des délégués de commissions. »

Cette proposition tuait la défense en la transportant effectivement entre les mains de cinq ou six membres de la Commission militaire, tous plus incompétents les uns que les autres. Il y aurait eu chaque jour des discussions sans fin aboutissant à des 3 avril et à des Bergeret. Je m'y opposai et formulai la contre-proposition suivante :

« Les Commissions sont licenciées ; il leur sera substitué
« des Délégués aux différents départements. Ces Délégués
« se réuniront entre eux une fois par jour et une autre fois
« au sein de la Commune afin de rendre compte de leur
« Département. »

Cette proposition maintenait l'unité d'action et de commandement en face de l'ennemi, tout en réservant le contrôle légitime de la Commune. Ce n'était pas l'affaire des faiseurs et discoureurs qui, incapables de rien faire par eux-mêmes, s'abritaient derrière des Commissions irresponsables de fait, et par là, sapaient tout.

Avrial, Parisel, Rastoul, Lefrançais et Clémence appuyèrent ma proposition ; mais Babick, Vaillant et Fortuné la combattirent ; A. Arnould, un des meilleurs esprits de la Commune, se tint entre les deux.

Sur la proposition de Rigault, il fut décidé que Grousset, un troisième dont je ne me rappelle pas le nom et moi nous nous retirerions un instant pour formuler un projet unique.

Voici le projet sur lequel nous tombâmes d'accord.

« 1º La Commune nomme à chacun des services publics
« un Délégué unique et responsable, sous le contrôle de la
« Commission et de la Commune. »

Cet article, mis aux voix, fut adopté à l'unanimité moins une voix.

La Commune, sur la proposition de Paschal Grousset fixa à neuf le nombre des délégués. C'était absurde. A quoi servait un délégué aux affaires étrangères pour un conseil municipal ? Car nous n'étions pas autre chose. Il fallait surtout éviter tout ce qui pouvait donner lieu à fausse interprétation sur ce sujet.

En bonne logique il ne devait y avoir que trois délégués ; celui des finances, celui de la guerre et celui de la sûreté générale. Le reste était un démenti à la révolution municipale.

« 2° Le Délégué a tous les pouvoirs pour prendre seul
« et sous sa responsabilité les mesures exigées par la
« situation. »

Ce paragraphe fut voté sans discussion à l'unanimité moins quatre voix.

« 3₀ Les Commissions ne peuvent entraver en rien
« l'action des Délégués ; elles contrôlent ses actes et en
« réfèrent à la Commune. »

Ce paragraphe fut voté ainsi amendé par le citoyen Amouroux :

« Le Délégué responsable pourra être révoqué par la
« Commune sur la demande de la Commission qui devra
« fournir les pièces à l'appui. »

Le deuxième paragraphe voté, je me retirai pour vaquer à mes occupations.

C'était le moment qu'attendait Delescluze, qui n'avait jamais eu l'énergie de m'attaquer en face. Il proposa immédiatement un contre-projet dans lequel l'art. 3 était ainsi conçu :

« Les Délégués se réuniront chaque soir et prendront à
« la majorité des voix les décisions relatives à chacun de
« leurs départements. »

Voyez-vous des opérations militaires conduites à la majorité des voix ? Un conseil aulique ! Hélas ! l'Autriche et tous les pays qui ont voulu imiter ce genre de *parlottage* dans l'action savent ce qu'il leur en a coûté !

Je n'eus pas connaissance de ce projet qui fut définitivement adopté par la Commission et qui m'eût fait donner ma démission séance tenante si je l'avais connu. De là l'étonnement d'Andrieux à la première séance de la Commmission exécutive quand je répondis à sa proposition de solidarité entre tous ses membres : « Qui ? moi, solidaire de vos actes ? Allons donc !

Cette énormité me choqua au dernier degré. Plus tard, quand j'eus pris connaissance du décret rendu par la Commune, force me fut de reconnaître qu'il avait droit de parler comme il le faisait. Je n'avais plus qu'à me soumettre ou à me retirer. En pensant au sort qui attendait la Commune et tant de braves gens si je me retirais, je fis plier mon amour-propre et me soumis de bonne grâce. C'est le plus grand sacrifice qu'il me fut donné d'accomplir dans ma vie. L'intérêt du peuple seul pouvait le justifier à mes yeux.

De là le brusque changement dans mon attitude, changement remarqué par Andrieux et par lui incriminé.

J'ajoute que la Commission exécutive n'usa jamais de son droit, si ce n'est pour me questionner. Mais comme je savais que ce que je lui dirais serait immédiatement redit je ne lui répondis jamais. D'où elle conclut que je n'avais rien à lui dire.

A elle, comme à la Commission militaire, je mis sous les yeux des Etats des paperasses qui étaient du sanscrit pour ses membres. Ce qui les mettait dans une grande fureur. Naturellement la conclusion de leur ignorance était mon incapacité ; bonnes gens, du reste, qui avaient la folle présomption de tout savoir sans avoir rien appris.

Je ne me suis jamais départi de ma règle de conduite : « Ne rien communiquer à personne tant que la poudre a la parole. » Meyer seul et moi étions au courant de l'organisation.

Quand je me reporte à ces tergiversations de la Commune, votant à l'unanimité un article de loi, moi présent, puis, aussitôt le dos tourné, votant avec la même unanimité un article contraire sous la pression de Delescluze, je me demande comment elle a pu durer 60 jours.

Il fallait que l'idée « Commune » fût bien fortement entée sur le tronc populaire pour avoir résisté si longtemps à l'ouragan d'anarchie déchaîné contre elle. Le peuple fit comme moi : il oublia les individus pour ne songer qu'à la chose publique et se résigna à tout plutôt que de porter atteinte au principe.

A la suite de la séance du 20 avril on nomma les délégués puis les Commissions.

Les délégués furent :

Guerre — Cluseret (43 voix).
Finances — Jourde (33 voix).
Subsistances — Viard (30 voix).
Relations extérieures — Grousset (27 voix)
Justice — Protot (27 voix).
Sûreté générale — Rigault (29 voix).

Ce dernier fut immédiatement remplacé par Cournet.

On y ajouta Franckel pour « travail et échanges » et Andrieux pour « Travaux Publics. » Ces deux derniers n'avaient pas obtenu la majorité au premier tour de scrutin.

La Commission Militaire fut composée de : Delescluze, Tridon, Avrial, Ranvier et Arnold, — un journaliste, un étudiant, un mécanicien, un peintre sur porcelaine et un architecte.

Dès le lendemain, à midi, Delezcluze vint au Ministère de la Guerre, au moment où je sortais pour aller visiter les forts. Il était assis au coin du feu dans le cabinet du chef d'état-major, quand j'entrai venant de ma chambre attenante. Je le vois encore me regardant avec effarement quand je lui dis : « Eh ! bonjour, mon vieux, vous vous chauffez ; et bien, comment allez-vous ? Qu'y a-t-il pour votre service ?

— Eh ! mais, la Commission Militaire va se rendre ici.

— Ah ! très bien. Il y a bon feu. Chauffez-vous ; moi je vais aux avant-postes.

Et je fis avancer ma voiture dans laquelle je montai.

Sur ma parole je n'y mettais aucune malice. Je traitais Delescluze en vieux camarade. Mais lui s'était pris au sérieux avec sa Commission Militaire. Il venait m'inspecter et trouvait horripilant le sans-façon avec lequel je lui assignai le coin du feu pour poste de combat.

Nous eûmes ensuite d'excellents rapports au moins de ma part. Je donnai à la Commission Militaire le grand salon du rez-de-chaussée. Je donnai à Arnold l'organisation de l'infanterie à inspecter. J'avais dit à Mayer de lui amonceler sous les yeux tous les états des Légions. Il y avait de quoi faire frissonner au mois d'août. Avec lui étaient venus son frère et un sergent quelconque. Ces trois perdus dans deux vastes salons me rappelaient involontairement le « *rari nantes in gurgite vasto.* » C'étaient bien de vrais bâtons flottants.

Ranvier ne vint jamais.

Quant à Tridon, plein de tact et d'intelligence, nous fûmes toujours d'accord et il me seconda de tout son pouvoir. Delescluze, en apparence, fit de même, mais en réalité tout le contraire. Avrial fut mis par moi aux munitions. Je n'eus que de bons rapports avec lui. En général je me suis toujours entendu avec ce qui était réellement, sincèrement ouvrier. Cet élément est le mien. Je m'y complais. Mais au milieu de tous ces déclassés, petits crevés républicains, voltigeurs de Robespierre, Marats poussifs, j'éprouve un profond dégoût : vidés ou ramollis, c'est le néant avec eux, l'air manque aux poumons, comme la terre sous les pieds. On cherche, on tâte, on écoute en vain. Ce qu'on respire est une vapeur de sang à délecter les narines d'un Versaillais. Ce qu'on entend : Un orgue de barbarie jouant à perpétuité : « Ça ira » avec accompagnement de jurons et clichés stupides. Quant à trouver une idée, une aspiration neuve et juste, cherche encore, tu chercheras longtemps.

Avec les ouvriers il en est tout autrement. Ceux qui n'ont pas reçu d'instruction et n'ont que des aspirations, ont le sentiment profond de la justice et de la liberté. L'expérience et l'instinct combiné leur ont donné une idée parfaitement juste des torts sociaux à leur égard. Ils comprennent que par la liberté et par la liberté seulement ils pourront se tirer d'affaire. Croire qu'ils mettent leur confiance en des formules scientifico-sociales, immédiatement applicables par décrets autoritaires, est une de ces calomnies ineptes que la bourgeoisie a toujours fait clicher pour l'usage des gogos de province. S'ils suivent encore, de temps à autre, les Delescluze, les Gambetta et à leur suite emboîtent le pas au Jacobinisme c'est d'abord par haine de ce qui est — quand on souffre on ne regarde pas au médecin — c'est, surtout, parce que le Jacobinisme, véritable jésuite rouge, couvre le despotisme le plus implacable du manteau de la liberté. Le peuple n'y regarde pas de si près et, voyant le manteau, court après sans regarder si la liberté est dessous.

Qui donc a été plus despote que Gambetta faisant traquer, emprisonner les ouvriers socialistes de Lyon, de Marseille, et faisant fusiller ceux de ces malheureux qui se plaignaient de mourir de faim et de froid dans ces charniers humains qu'il appelait ses camps d'instruction? Je ne parle pas de moi qu'il a fait traquer comme une bête fauve par son limier Ranc suivi de ses préfets et procureurs [1].

Et Challamel Laccour, ce proconsul tripoteur de Lyon que Delescluze lui expédiait comme le meilleur entre les bons. Et Gustave Naquet, de Marseille! Voilà les élèves de Delescluze, les représentants du Jacobinisme

[1] A celui d'Aix, il adressait la dépêche suivante : « Fusillez Cluseret, mais sans jugement. » (Voir l'enquête parlementaire.)

en France ! Ils l'ont gouvernée dictatorialement. Compagnons, dites : Qu'ont-ils fait pour nous ?

En revanche, ils sont riches ! Je ne parle pas bien entendu de Delescluze mort pauvre. M. Gambetta plaçait ses fonds en Espagne et se gobergeait à l'étranger alors que nous nous battions à Paris pour la République et la liberté.

Quant aux ouvriers qui ont reçu de l'instruction ou plutôt qui se la sont donnée eux-mêmes, comme Varlin, comme Franckel, comme Malon, ceux-là ajoutent à la liberté, principe absolu, invariable de tout socialisme certaines formules qu'ils croient plus ou moins efficaces, plus ou moins immédiatement applicables. Mais qu'on m'en montre un seul, parmi les intelligents et, croyez-moi, ce sont ceux-là seuls qui, en fin de compte, ont la confiance du peuple, qu'on m'en montre un seul voulant *décréter* le socialisme, voulant l'imposer par la force et la faire fructifier dans le sang ! Ils se sont laissés envahir puis dominer par les Jacobins qui, eux, ont leur formule toute faite. Qu'elle s'adapte ou non aux circonstances et aux milieux, peu importe. Robespierre faisait ainsi et nos pères approuvaient. Approuvons, *amen*. Quiconque n'approuve pas, supprimé ! Si Delescluze, bourgeois entre les bourgeois, eût triomphé, il nous eût supprimé. Versailles n'était pas plus dangereux, mais il était plus odieux.

Tous les ouvriers sentent instinctivement que la base fondamentale de toute réforme est le droit de se réunir librement pour se consulter afin de s'éclairer et de s'entendre. Ils comprennent qu'à toute révolution il faut une conclusion : le suffrage universel la fournit ; qu'il faut une forme de Gouvernement adaptée aux besoins politiques du peuple, s'exprimant par le suffrage universel, éclairé par le droit de réunion et sur lui étayé. La République seule répond à ces nécessités.

Cette République elle-même, née de la liberté des votes et chargée d'abriter toutes les libertés doit à son tour s'appuyer sur la liberté individuelle, d'où l'habeas corpus, garantie à son tour par celle des communes, d'où la commune affranchie.

L'ouvrier a parfaitement compris que, s'il ne mettait pas la liberté dans les fondations de l'édifice social, il était impossible de l'inscrire sur le frontispice. C'est pourquoi il a voulu, il veut la Commune. Pour elle il a combattu, pour elle il a souffert. Elle est aujourd'hui inoculée au sang populaire. Il l'aura, comme il vous a forcé à lui donner la République. Qu'importe au peuple et le sang des martyrs et le sacrifice des affections! Riche de vie, il peut en être prodigue. Vieillards, qui grelottez à Versailles, pouvez-vous en dire autant?

Donc, habeas corpus, liberté d'association, suffrage universel, République et Commune. Voilà la base politique de tout programme socialiste. Avec cela le peuple se donnera le reste, petit à petit, sans secousse et sans révolution.

Mais cela, il le veut et il l'aura.

Dans la séance du 21, le débat recommença sur une nouvelle proposition de Descluze, secondée par Arnold et ainsi conçue:

« Les Délégués aux divers services publics qui forment
« aujourd'hui le pouvoir exécutif sont autorisés à faire
« nommer, *par les Commissions dont ils font partie,* des

« Vice-Délégués pouvant pourvoir, en leur absence, et sous
« *leur surveillance* à l'expédition des affaires ressortissant
« de leurs attributions. »

DELESCLUZE.

Jamais rédaction plus jésuitique n'avait été mise au service d'une ambition plus tenace.

Delescluze, sans en avoir l'air, confondait le délégué avec sa Commission dont il n'était plus qu'un membre et par suite lui ôtait toute autorité et l'acheminait tout directement à venir reprendre sa place dans la Commission qui l'aurait remplacé par le sous-délégué. Or, ce sous-délégué eût été Delescluze qui se fût fait aisément nommer par les quatre autres membres.

Ce n'était pas la seule fourberie contenue dans cette proposition. Delescluze se mettait à couvert derrière le délégué qu'il découvrait par ces trois mots. « Le sous-
« délégué n'étant nommé que pour remplacer le délégué *absent*, » comment ce dernier pourrait-il surveiller le premier ?

J'aurais été obligé d'endosser la responsabilité des fautes de Delescluze qui se serait frotté les mains en se disant : « Cela ne me regarde pas, le délégué seul est
« responsable, je n'agis que sous sa surveillance ! »

Heureusement qu'il se trouva quelques bons esprits, comme Ostyn, Avrial, Theisz, Rastoul et Vermorel, qui empêchèrent, la proposition de passer. Ce dernier se plaignit même de l'inconstance de l'Assemblée qui, la veille, s'était dégagée sous l'influence de Delescluze.

En somme, ce dernier, dévoré d'ambition, voyant que sous ma direction la défense de Paris était assurée, crut, d'une part, la chose facile, partant à sa portée et, d'autre part, voulut s'en approprier les bénéfices au point de vue politique.

De là une série de querelles d'Allemands qu'il me suscita ou me fit susciter par son parti, tant au sein de la Commune que dans les Clubs ; de là aussi, son alliance momentanée avec Rossel. Les deux étaient, du reste, faits pour s'entendre jusqu'au moment où ils devaient se dévorer, mus par une égale ambition.

Tant qu'ils crurent au danger, j'étais le *Deus ex machina*, mais aussitôt, qu'ils virent la défense prendre petit à petit un corps, et cela sans participation aucune, car Rossel, depuis longtemps, ne faisait plus rien que partager son temps entre le boulevard Latour-Maubourg où demeurait sa maîtresse et le Père-Duchesne, quand surtout ils virent, quelques jours après, des relations sérieuses établies entre la Commune et le Gouvernement allemand, grâce au bon ordre qui régnait dans Paris et à la consistance de la défense, Delescluze et son parti ne se connurent plus de fureur. Quoi ! la Révolution la plus vaste, la plus large, la plus menacée, s'accomplirait sans eux ! Quoi, on révolutionnerait en dehors de la formule sacrée inscrite au bréviaire de 93 ! Quoi, des ouvriers pourraient se passer des lumières évangéliques de 93, s'affranchir autrement et vouloir autre chose que leurs pères ! Quoi, il n'y aurait pas la plus petite Septembrisade, ni le moindre Dumouriez, alors que Roussins et Rossignols pullulaient ! Un tel oubli des convenances et des traditions révolutionnaires ne se pouvait tolérer et Delescluze se chargea d'y mettre ordre.

La première attaque eut lieu dans la séance du 23 ou

du 24, à propos de plaintes de divers membres de la Commune relatives à ce que je ne leur fournissais pas suffisamment de rapports. Arthur Arnould en voulait deux par jour.

Je leur envoyais toutes les dépêches que je recevais. Du reste, elles étaient toutes en double expédition et souvent la Commune les recevait avant moi : quand il y avait quelque chose qui en valait la peine, je rédigeais moi-même une note. Autrement, c'était le bureau chargé spécialement de cette besogne qui envoyait les renseignement à la Commission exécutive. D'autres se faisaient l'écho de toutes les criailleries des Verlets et des Ferrats, demandant sans cesse des renforts, de l'artillerie et se plaignant de ne pas être assez souvent relevés.

Je m'étais rendu à la Commune au sujet de l'ordre du 22 avril que je venais de faire afficher (voir page...)

Il était urgent de créer l'artillerie de campagne sans laquelle je ne pouvais que résister à l'ennemi, mais nullement l'inquiéter et le fatiguer. Dans ce but, je venais prier la Commune de vouloir bien suspendre sa séance et se rendre dans toutes les municipalités pour se mettre à la tête des artilleurs et user de son influence pour les déterminer à se laisser caserner.

Je n'eus pas le temps d'ouvrir la bouche pour exposer l'objet de ma venue, je fus immédiatement en butte à un acte d'accusation.

Avrial commença le feu en m'accusant de ne pas charger mes obus à la dynamite.

Je ne pus complètement retenir un éclat de rire. Rastoul et Parisel répondirent pour moi.

Les rieurs se mettaient de mon côté, quand Delescluze quitta le siège qu'il occupait au sommet de la droite et vint au pied de la tribune faire un réquisitoire en règle. Le pauvre homme n'était pas fort et la chose eût passé sans grande attention de ma part s'il n'avait lancé cette malencontreuse phrase à propos des renforts que je n'envoyais pas à quiconque en demandait : « Ce « refus de secours ressemble à de la trahison. » A ce mot de trahison, je me dressai furieux, à mon tour et, au lieu de mâcher de la guimauve comme mon accusateur, donnant un violent coup de poing sur mon pupitre et mettant mon chapeau sur ma tête, je dis : « Vous « serve qui voudra, quant à moi, je refuse. » A ces mots, Andrieux de sa voix grêle s'écrie : « Qu'on l'arrête ! Mais la voix resta sans écho. Tout honteux il se rassit remettant à des temps meilleurs et à la ruse, le soin d'accomplir ce que la force était impuissante à faire.

L'effet était décidément raté.

Très irrité, j'adressai à mes collègues les paroles suivantes :

« Je voudrais bien savoir qui, dans cette assemblée, a le
« droit de me juger, encore plus de m'accuser !
« Qui donc, parmi vous, a plus fait et s'est plus dépensé
« que moi ? Quant à la compétence militaire, je n'en parle
« pas et pour votre propre considération, je vous engage à
« ne pas autoriser la publication de ce qui s'est dit ici. »

Ce disant, je me dirigeai vers la porte. Mais la presque totalité de l'Assemblée protesta vivement contre la sortie de Delescluze qui, tout penaud, vint m'offrir ses excuses et m'assurer que jamais dans sa pensée il n'avait un instant soupçonné ma loyauté.

Parbleu, je le savais mieux que lui. Et c'est ce qui fait que j'ai un profond mépris pour l'ambitieux qui insinuait hypocritement un soupçon qu'il n'avait pas lui-même.

Un grand nombre de membres me prièrent de ne pas insister sur ma démission. Tridon, pour lequel j'avais une grande estime et beaucoup d'affection fut celui qui agit le plus sur moi, car dès lors, j'avais conçu le projet de laisser tous ces braillards, vieux et jeunes, livrés à eux-mêmes, se tirer d'affaires comme ils pourraient, afin de les convaincre de leur propre impuissance.

En rentrant au Ministère, je fis part à Rossel de ce qui s'était passé et, après une assez longue discussion dans la salle à manger je me rangeai à son avis : nous convînmes de donner notre démission ensemble. Seulement j'insistai pour ne pas précipiter cette mesure. Je voulais qu'elle fût prise comme il convenait à des hommes sérieux et droits ayant conscience de ce qu'ils devaient faire.

En conséquence, il fut arrêté entre nous que nous allions immédiatement dresser une double situation générale du département de la guerre. La 1re au 4 avril, date de mon entrée effective en fonctions et la 2me, le jour de ma démission. De cette façon l'opinion publique serait à même de prononcer avec connaissance de cause. Nous nous mîmes immédiatement à l'œuvre.

Quand je pense que ce même homme que j'eus tant de peine à décider à prolonger son séjour au Ministère de quelques jours, qui ne voulait entendre parler à aucun prix de servir la Commune, qui ne s'y décidait, disait-il, que par considération pour moi, complotait mon renversement pour se mettre à ma place, qu'il clabaudait contre la Commune et vilipendait le Comité Central pas assez réduit par moi, selon lui, que ce même homme fut trop heureux, dis-je, d'accepter le pouvoir à des conditions honteuses en tout temps, mais doublement honteuses pour lui qui abandonnait à ce même Comité Central toute l'administration de la guerre, alors que jusqu'au dernier moment, je n'avais permis à personne — Comité central ou autre — d'empiéter sur mes attributions ; quand je pense que ce même Rossel me faisait attaquer quelques jours plus tard dans les clubs par son agent Gaillard père et que cet homme n'avait que 28 ans, je me demande ce que ce type de perversité humaine au service d'une ambition sans frein eût pu produire s'il eût vécu.

Qu'avait besoin Rossel de toutes ces faussetés ! Pourquoi vis-à-vis de moi affecter la déférence d'un subordonné et l'affection d'un ami quand rien ne l'y forçait ? Pourquoi cette persistance à refuser de servir la Commune quand il briguait de plus hautes fonctions ? Pour la renverser, dira-t-on ? Mais la trahison, quels qu'en soient les motifs, est toujours la trahison. Il n'y a pas plus d'excuse à la trahison qu'il n'y en a au mensonge. Soyez tout ce que vous voudrez, mais soyez vous-même. Rossel savait très bien que je n'étais pas un obstacle pour lui, que j'en avais par dessus les oreilles et que s'il eût voulu prendre ma place, je l'eusse secondé et aidé de grand cœur, car par lui-même il était incapable de faire face aux nécessités multiples de la situation.

L'expérience l'a assez prouvé.

Chapitre IX

FEU PARTOUT

La plus belle armée de France. — Suspension d'armes à Neuilly. — Attaque de Montrouge. — Dépêches de Vanves et d'Issy. — Nouveaux combats à Neuilly. — La Cecilia à la place. — Appréciation des Prussiens. — Guerre d'extermination. — Les barbouilleurs de papiers. — Le responsable.

Nous voici bien loin des attaques de droite et du cen-centre.

Elles continuaient toujours avec le même succès de part et d'autre. Ce sont les plus violentes attaques qu'ait eu à subir Paris et je ne comprends pas pourquoi Mac-Mahon les passe sous silence dans son rapport. Ou, plutôt, je comprends tout ce qu'il y a d'humiliant pour un Maréchal de France, disposant de 150 mille hommes et de plus de 2 milles bouches à feu, *de la plus belle armée qu'ait possédée la France*, au dire de M. Thiers, qui s'y connaît, d'être battu par quelques milliers d'ouvriers armés de pistons et de tabatières, après l'avoir été honteusement par les Prussiens et s'être vu obligé de remettre son épée, à la tête de 200 mille hommes.

Si Mac-Mahon ne réussissait pas à vaincre, il réussissait à tuer et à affamer les femmes et les enfants ; à Neuilly la population, enfermée dans les caves, n'osant sortir pour aller s'approvisionner, de peur de rencontrer, comme cela était arrivé à plusieurs, une boîte à mitraille ou un obus sur leur route, était dans une position vraiment touchante.

Le 21 ou le 20 avril, MM. Bonvallet et Stuppuy, de l'Union Républicaine, vinrent me trouver au Ministère pour me demander d'accorder une suspension d'armes, ce que je fis de grand cœur. Mais restaient à régler les voies et moyens.

MM. Bonvallet et Stuppuy m'insinuaient de faire le premier pas. Ils avaient été à Versailles et étaient sûrs qu'on y serait heureux d'accorder l'armistice si je la demandais. C'était naïf et c'était intervertir les rôles. Je suis le droit car je suis le peuple. Versailles n'est qu'une faction révoltée. Que Versailles fasse le premier pas. Moi je ne le ferai pas. Telle fut ma réponse et je m'y tins. Versailles fit le premier pas. Le 22 avril, je publiai l'ordre suivant :

ORDRE :

« Après en avoir conféré avec la Commission Exécutive,
« et dans un but strict d'humanité, j'autorise une suspen-
« sion d'armes à Neuilly, à l'effet de faire rentrer dans
« Paris les femmes, enfants, vieillards, en un mot, les non-
« combattants qui enfermés dans Neuilly sont victimes
« innocentes de la lutte.

« Le général Dombrowski prendra, d'accord avec les
« citoyens Bonvallet et Stuppuy de l'Union Républicaine
« des droits de Paris, les mesures militaires nécessaires

« pour que la suspension d'armes maintienne strictement
« le *statu-quo*. Cette suspension aura lieu de jour.

« Aussitôt la réponse de Versailles, j'en fixerai le jour et
« la durée. »

Le Délégué à la Guerre,
G. Cluseret.

Versailles toujours mesquin et rancunier, força ces pauvres gens à rentrer dans Paris et leur refusa l'entrée de ses lignes. C'était aussi maladroit qu'inutile. Les lignes de Versailles ne renfermaient pas plus de mystères que sa stratégie. Séguin, sous-chef d'état-major, qu'ils avaient eu la simplicité de faire prisonnier pendant l'armistice, m'avait confirmé dans l'occupation des abords de la Seine ; c'était tout ce que j'avais intérêt à savoir, relativement à la demande de Dombrowski dont j'ai parlé plus haut.

Quant à charger l'alimentation de la ville de quelques bouches de plus, c'était insensible. L'alimentation de Paris n'était plus une question du moment que les Allemands n'y mettaient pas obstacle.

Le 22, le Commandant du fort de Montrouge m'adressa le rapport suivant :

« Les avant-postes du fort de Montrouge occupés par le
« 128me bataillon ont été attaqués hier soir, vers cinq
« heures, par des bandes de l'armée Versaillaise. Un déta-
« chement du 138me sous les ordres du commandant
« Mathieu protégé par la justesse du tir des artilleurs du
« 14me arrondissement, les a forcés à abandonner leur
« mouvement d'attaque.

« Nous avons à déplorer un homme tué et six blessés,
« dont un grièvement ; le commandant Mathieu qui, à la

« tête de son bataillon, a fait preuve du plus grand cou-
« rage.

« Nous avons dans les mains la preuve irrécusable que
« l'armée de Versailles fait usage de *balles explosibles*. »

Bézat.

Ce Mathieu était un vigoureux officier, un de ceux qui s'étaient révélés et formés sous la Commune. Il s'était déjà distingué sous Dombrowski qui m'en avait parlé. Aussi, par la suite quand j'arrêtai le colonel Falto, commandant du fort de Vincennes pour son insubordination, je mis Mathieu à sa place.

Le même jour, je recevais du fort de Vanves et d'Issy les dépêches suivantes :

22 Avril, 2. h. 20 m.

« Des troupes Versaillaises en nombre attaquent nos
« tranchées. Dix coups de mitrailleuse les mettent en dé-
« route. De notre côté, ni morts ni blessés. »

---

22 Avril, 2 h. 20 m.

« Nouvelle attaque de la part des Versaillais et même
« insuccès.

« A Asnières les batteries éteignaient le feu des batteries
« ennemies entre la tour et la maison carrée ainsi que
« celui de la batterie basse du château de Bécon. »

Je résumai ainsi la journée dans mon rapport à la Commune :

22 Avril, 2 h.

« Rien d'important.

« Construction d'ouvrages à Châtillon et de barricades à
« Neuilly par les troupes Versaillaises.

« L'attaque s'étend sur Saint-Ouen et au-delà.
« L'ennemi prépare les matériaux d'un pont à Suresne. »

CLUSERET.

Le 23 j'adressai à la Commune les rapports suivants :

Guerre à Exécutive.

« Suspension d'armes pour demain à Neuilly, à midi. Un
« bataillon de ligne a mis bas les armes à Asnières pour
« venir à nous ; mais, avant que nous ne puissions arriver
« à eux, six cents gendarmes se sont interposés. (Rapport
« d'Okolowitch, commandant à Asnières.)
« Au fort du Sud un escadron de chasseurs à cheval s'est
« présenté pour se rendre. Malheureusement les gardes na-
« tionaux qui n'avaient pas d'abord compris leur intention,
« ayant tiré, la majeure partie s'est enfuie. Ceux qui sont
« définitivement venus à nous ont des vêtements dans un
« état pitoyable.
« A Asnières la situation est excellente.
« J'interrogeai moi-même le maréchal des Logis qui com-
« mandait ce détachement ; il était ivre et ne savait que ré-
« pondre : « il en viendra d'autres. C'est notre idée comme
« ça. » Je ne pus rien en tirer et le fit mettre à la prison
« du Cherche-Midi. Leur uniforme n'avait rien de régulier
« et si j'avais eu le temps d'examiner plus à fond leur af-
« faire, j'aurais probablement trouvé des espions bons à
« fusiller. »

Neuilly, 23, Avril

« Le 147ᵉ batailllon a repoussé une forte attaque des
« Versaillais. Grandes pertes pour ces derniers. Le citoyen
« X..., garde, s'est distingué par sa belle conduite.
« La cannonade continue. »

FORTS DU SUD

« Le général La Cecilia, commandant la Place de Paris,

« accompagné de son chef d'état-major, le colonel Henry, a
« visité ce matin la ligne des bastions qui s'étend de la
« Muette au Point du Jour.

« Le général a été extrêmement satisfait de son inspec-
« tion : les bastions sont admirablement tenus ; de nom-
« breuses pièces de 24 et de marine ont été mises en batte-
« ries sous la direction intelligente du colonel Laporte et
« du capitaine Bonmain. D'autres le seront dans la journée
« de demain. La défense de ce point si important ne laisse
« rien à désirer.

« Pour récompenser le capitaine Bonmain de son zèle et
« de son activité, le général l'a fait nommer aujourd'hui
« même au grade de chef d'escadron d'artillerie. »

La Cecilia venait d'être promu par moi au commandement de la place de Paris.

Cette mesure était devenue nécessaire par suite de la
situation de Dombrowski tout entier à la défense de
Neuilly. D'autre part, La Cecilia avait l'esprit de méthode et l'énergie froide qui convenaient à ces fonctions.

Je transportai le commandement de la place, de la
place Vendôme à l'Ecole Militaire, afin de mettre l'état-
major de la place, spécialement chargé du mouvement
des troupes, en contact immédiat avec le camp du
Champ-de-Mars, sur lequel étaient dirigés les bataillons au fur et à mesure de leur organisation.

Dombrowski ou plutôt son entourage fut très irrité
de cette nomination. Et j'eus quelque peine à remettre
chacun à sa place.

Par suite de difficultés de détail, l'armistice fut remis
au 25, neuf heures du matin. Il devait durer jusqu'à
5 h. du soir.

Le 24, la Commune reçut du Ministère de la guerre les rapports suivants :

« L'armistice pour Neuilly commencera demain à neuf
« heures du matin.

« Nuit calme à Issy.

« Nos obusiers inquiètent toujours les travailleurs enne-
« mis. Attaque des Versaillais : à 50 mètres, une décharge
« de mitrailleuses les a mis en déroute.

Neuilly, 4 h. matin.

« Attaque des Versaillais repoussée avec pertes par le
« 2ᵉ bataillon.

« Nous avons deux tués et sept blessés.

Après-midi, 2 h.

« L'action continue.

3 h.

« Versaillais en retraite.

Asnières, 24 Avril.

« Wagons blindés canonnent Asnières. Vive fusillade.
« Versaillais fléchissent. Pas de pertes de nos côtés. Mont-
« rouge tire toujours sur Châtillon. »

Comme on le voit, l'attaque était continuelle et générale. Mais la défense, adéquate à l'attaque, ne cédait pas un pouce de terrain. Et pourtant les officiers, retour d'Allemagne, combattaient mieux qu'au commencement. On sentait qu'ils défendaient leurs appointetements. Eux qui avaient été lâches quand il s'agissait de défendre leur patrie contre l'étranger étaient devenus presque braves quand il s'agissait de défendre la solde. Car tous savaient que si la Commune triomphait son premier soin eût été de supprimer les armées permanentes [1].

[1] Bien entendu dans la limite de ses pouvoirs.

Voici comment la *Gazette de Francfort* décrivait, à cette époque, la situation,

Le *Daily Télégraph* rendait également justice à la défense de Paris.

On lit dans la *Gazette de Francfort* :

« Les chefs de l'armée de Versailles, depuis le sous-lieu-
« tenant jusqu'au général, ne combattent que pour leur
« propre existence. Tous les officiers bonapartistes, légiti-
« mistes, orléanistes, sentent parfaitement d'une façon
« consciente ou instinctive que le triomphe de la Républi-
« que est nécessairement lié à la supression de l'armée per-
« manente. Aussi, ces personnages qui, pendant le siège,
« se sont conduits avec tant de lâcheté, combattent-ils au-
« jourd'hui avec une bravoure qu'il faut reconnaître. »

L'armée permanente n'existait plus en France ; l'Armée Impériale avait été réduite en atomes ; cet instrument de despotisme, qui avait bien pu assassiner la République dans la nuit du 2 décembre, mais qui n'avait pas réussi à repousser l'invasion étrangère, paraissait tout à fait brisé. Une réforme radicale militaire reposant sur des bases républicaines était réclamée à grands cris par l'opinion publique comme une des choses les plus pressantes. C'est alors que l'antagonisme qui a surgi entre la Commune et l'Assemblée a donné à l'armée qui rentrait de captivité, la tête basse, l'occasion inattendue de montrer qu'elle était, malgré tout, bonne encore à quelque chose, du moins à l'intérieur, pour le rétablissement de l'ordre (style officiel) Il s'ensuit que ces hommes se battent contre leurs compatriotes avec une ardeur dont ils n'avaient jamais fait preuve en face des Prussiens.

« Je fais à ces assassins, a dit dans une proclamation le marquis de Gallifet, l'ex-écuyer de l'ex-empereur, je fais à ces assassins une guerre sans pitié et sans merci. »

Contre les Prussiens, l'armée permanente n'avait à défendre que son honneur militaire ; contre les Parisiens, c'est son pain quotidien qu'elle a à défendre ; chaque officier et la plupart des sous-officiers ont à combattre pour leur avenir personnel. Voilà ce qui donne à cette affreuse guerre son caractère atroce. Chacun combat, non pas seulement pour ses propres idées, mais plutôt pour sa propre vie, pour sa propre conservation.

Puisque je vous ai cité les paroles de ce triste personnage qui a nom de Gallifet et qui a été interné en Allemagne à Ems, à Coblentz et à Wiesbaden où, soit dit entre parenthèses, il a mené une existence des plus grotesquement dissolues, je veux vous faire part de ce que m'a dit, dans un moment d'expansion, un garde national dévoué à la Commune. Après m'avoir raconté la mort héroïque d'un artilleur à la Porte-Maillot, il termina par ces mots prononcés avec calme et avec froideur :

« Soyez-en persuadé, citoyen, c'est une guerre d'exter-
« mination entre nous et Versailles. Eux ou nous ! Et
« tous mes frères pensent comme moi ! »

Le « *Daily Telegraph* » s'occupe beaucoup de ce qui arriverait dans Paris si M. Thiers bloquait complètement la ville, et comme il ne sait rien des desseins de M. Thiers, il adresse au chef du pouvoir exécutif de sanglants reproches sur l'*indécision* et l'*incertitude* qui fait *le fond de tous ses actes*. — Résumant en ses colonnes tout ce que les journaux de Versailles racontent des atrocités qui *ne se commettent pas dans* Paris, le « Daily Telegraph » déclare que ces récits lui paraissent grandement controuvés ou exagérés ; puis il en rejette l'entière responsabilité sur les membres du Gouvernement de Versailles :

« La fuite de M. Thiers, le 19 mars, » dit-il, « a livré

« aux ennemis de *l'ordre Versaillais* tous les habitants des
« quartiers environnant la place de la Bourse. C'est à
« M. Thiers, qui les a *abandonnés*, et non à la Commune,
« que les *amis de l'ordre* doivent reprocher tous leurs mal-
« heurs, — si malheur il y a.

« Pour être sincère, il est extraordinaire que les républi-
« cains modérés, partisans du programme de la Ligue de
« Conciliation, aient été reçus avec un si grand dédain par
« le directeur de Versailles. »

Le morning Post trouve que l'Assemblée semble vaquer à ses affaires aussi paisiblement et avec à
peu près autant de succès que le font les partisans
de l'ordre à l'intérieur de Paris. Sur toutes les
affaires politiques du jour, cette Assemblée comprend qu'elle est incapable de faire quoi que ce
soit qui puisse avancer ou retarder la solution nécessaire. Le temps seul peut faire quelque chose ; il faudrait, en effet, de l'énergie et de l'intelligence pour
délivrer la France de l'état fébrile dans lequel elle se
trouve actuellement.

Il saute à tous les yeux que l'énergie et l'intelligence
sont plutôt à Paris qu'à Versailles !.....

Le *Cri du Peuple* « lui-même, était obligé d'insérer
une protestation, en réponse aux attaques de M. Verlet.

Quelle meilleure preuve de la légèreté de ces barbouilleurs de papier qui, pour se donner de l'importance, parlent à tort et à travers et compromettent les
meilleures causes par leurs commérages de portières?

Ce fut au moment où la situation, jugée aussi bonne
par les organes aussi divers, se montrait sous l'aspect
le plus rassurant, que la jalousie, l'ambition et la pré-

somption combinées des Jacobins, guidés par Delescluze et soutenus par Rossel, s'unirent pour monter à l'assaut du pouvoir. L'un et l'autre ont payé de la vie leur témérité, mais ils sont cause de la défaite de la Commune et responsables devant le peuple et devant l'histoire des milliers de victimes sacrifiées à la haine de la bourgeoisie, et du temps d'arrêt que la liberté va forcément subir. Que le peuple profite de la leçon !

FIN DU PREMIER VOLUME

TABLE DES MATIÈRES

Dédicace. 1
Introduction. 3

PREMIÈRE PARTIE

L'organisation

I. — Le comité central 12
II. — La commune 32
III. — Le ministère de la guerre 56
    I. — L'état-major 56
    II. — L'armement 63
    III. — L'infanterie 66
    IV. — Cavalerie, artillerie et génie . . . 88
    V. — Service médical et intendance . . . 103
    VI. — La discipline 114
    VII. — Résumé de l'organisation militaire 131

DEUXIÈME PARTIE

Les opérations militaires.

I. — Préliminaires 137
II. — Les Versaillais prennent l'offensive . . . 152
III. — Les généraux fédérés 162

IV. — Les combats du 5 avril		177
V. — Bombardement de Paris		192
VI. — Attaques de Vanves et d'Issy		212
VII. — Le siège de Neuilly		230
VIII. — Bâtons dans les roues		253
IX. — Feu partout		275

FIN DU PREMIER VOLUME

Imprimerie de DESTENAY, à Saint-Amand (Cher).

Reliure serrée

www.ingramcontent.com/pod-product-compliance
Lightning Source LLC
Chambersburg PA
CBHW050632170426
43200CB00008B/987